ドバイ〈超〉超高層都市

21世紀の建築論

Dubai, Super Highrise City

Discussions on 21st Century Architecture

松葉一清
野呂一幸

鹿島出版会

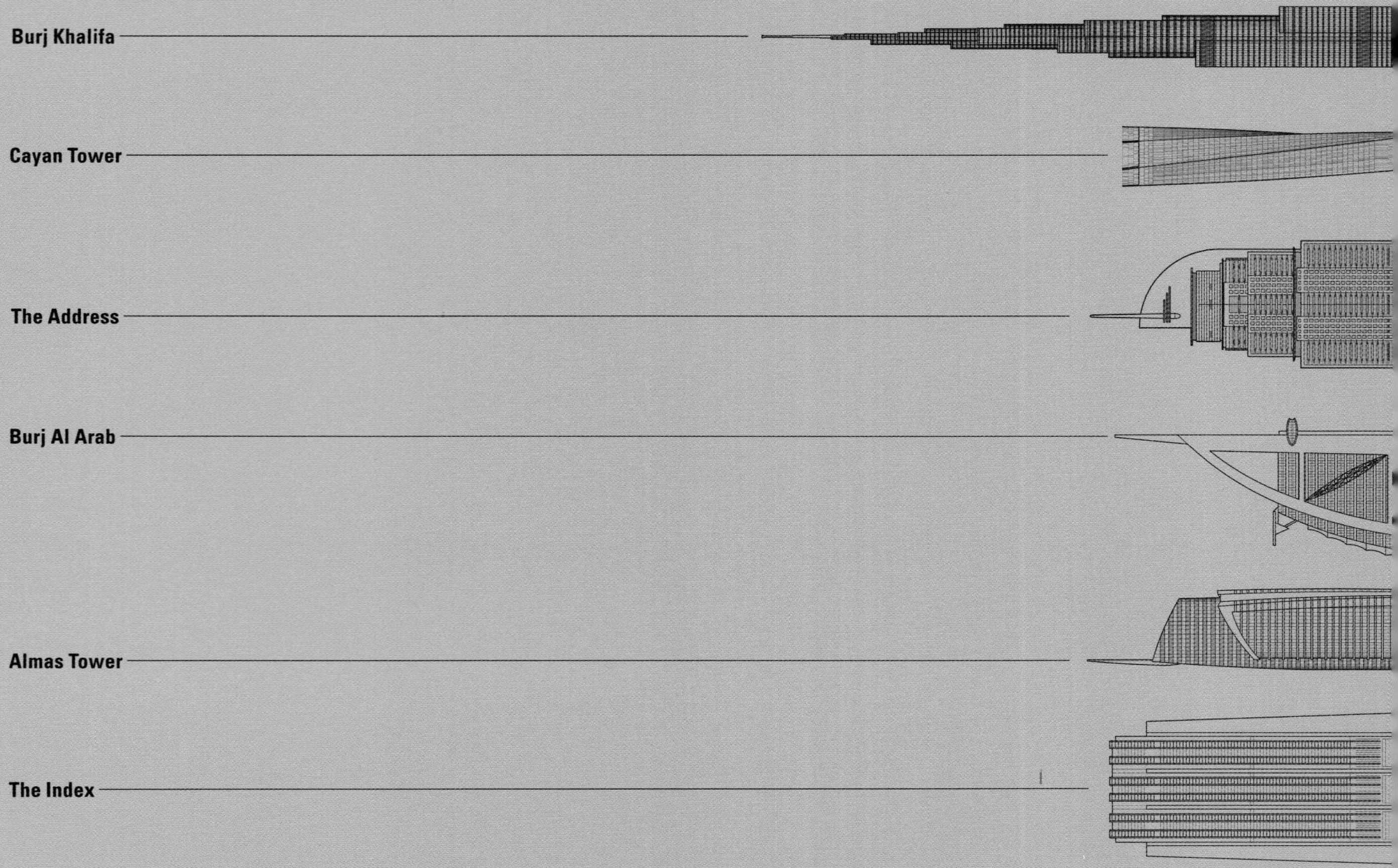
Burj Khalifa
Cayan Tower
The Address
Burj Al Arab
Almas Tower
The Index

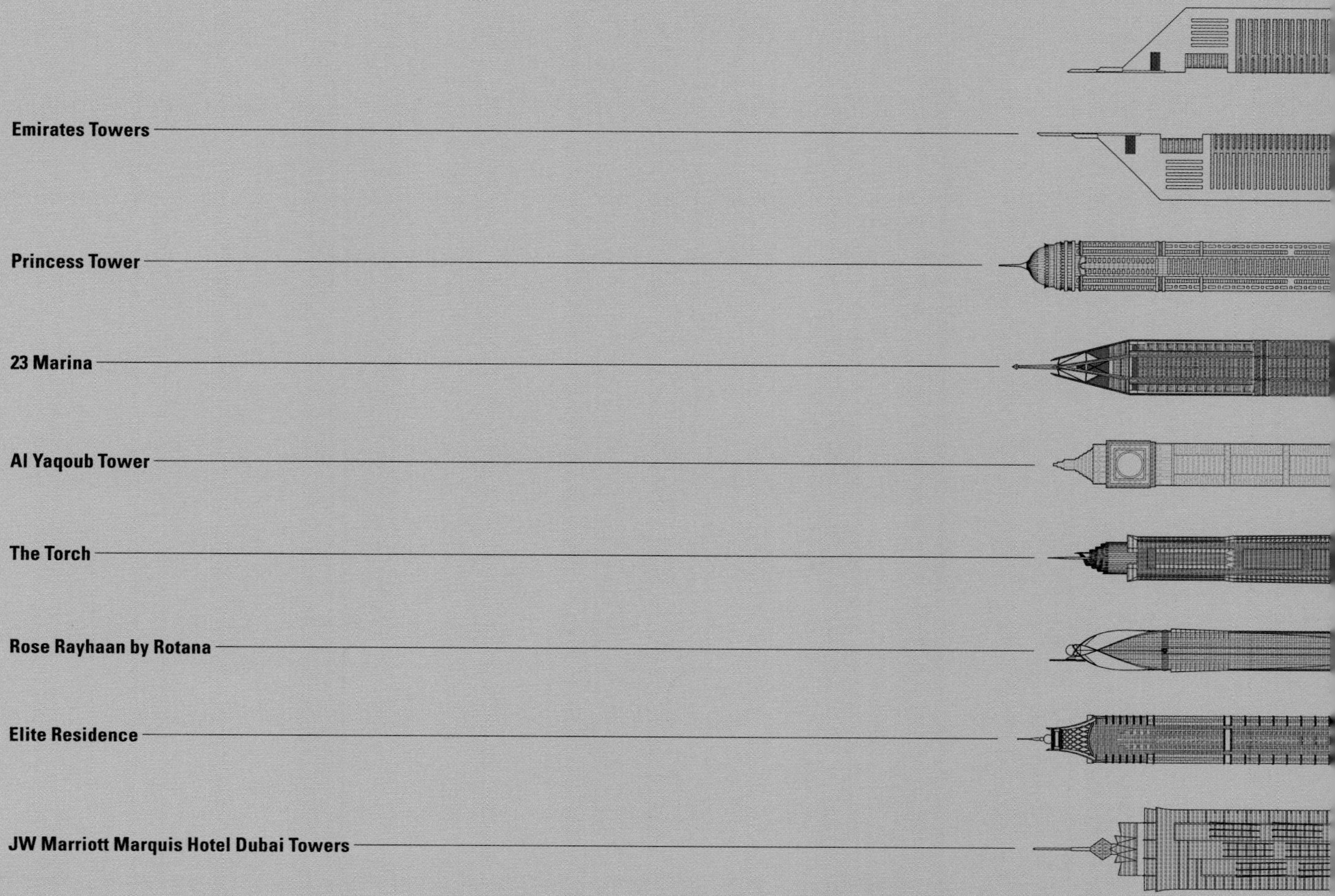
Emirates Towers
Princess Tower
23 Marina
Al Yaqoub Tower
The Torch
Rose Rayhaan by Rotana
Elite Residence
JW Marriott Marquis Hotel Dubai Towers

目次

第1章 21世紀のバビロン――メトロポリスの新たな物語……松葉一清 007
世界最高層が動き出す／一段と「高く」「新しい」摩天楼の群れ
「レイト・モダン」に始まる「宝冠」の造形／摩天楼の脱近代――アラブの造形を求めて
パリ、ラスベガス、そしてドバイ／新世紀のブームタウン／衒学、大衆迎合、アセット・マネージメント
バビロンから1300キロ、バベルの塔から3000年

第2章 ブルジュ・カリファ――極限の「図」を求めて……057
とにかく天を突く／アラブが世界一／800メートル超の匕首／自生植物の図像
足元のモレスク／ミースに還る／コンクリート彫刻／なんと高層マンション！
プロパガンダのトロフィー／名乗りと経済／優越感のプライド／世界一を護持する文明観

第3章 マリーナ、泉、モール――バージョン・アップ・ドバイをもたらす「地」……085
どこにもない水辺――ドバイ・マリーナ／世界最高層を足元から支える――ドバイ・ファウンテンの夜
椰子は枯れず／旧市街地が示唆するもの／2020年を目指して

第4章　都市ドバイ「建築ガイド」……106
A　歴史地区　ベドウィン、海に出る
B　世界一高層地区　ドバイ・ショックを超えて
C　帆と波のリゾート地区　海辺の醍醐味
D　椰子の葉陰のリゾート地区　海中の疑似遺跡探訪
E　人工運河街区　フリーウェー、西へ

ドバイ　都市建築事典……176

第5章　砂漠の超高層建築——設計とプロジェクトの現場……野呂一幸　201
設計の現場／ダイヤモンド取引の頂点——アルマス・タワー／日の丸技術陣の奮闘
カーテン・ウォール、そして建築材料の実態／事前調査、契約／オーナー、代理人、コンサルタント
ファスト・トラックの理想と現実／ドバイ・ショックを超えて——日本の建設業の未来は中東に

あとがき……224

第1章

21世紀のバビロン

――メトロポリスの新たな物語

松葉一清

世界最高層が動き出す

2015年が明けた。パソコンを立ち上げ、動画サイト「YouTube」に接続し、新年を迎えるドバイの世界最高層ビル「ブルジュ・カリファ」とその足元の「ドバイ・ファウンテン」を舞台にした都市パフォーマンスの風景を検索する。観光客が持参のビデオカメラやデジタルカメラで撮影した動画も次々とアップされていく。この新年の催しは今や地球レベルで注目の的となり、日本のTVニュースでも世界の新年風景紹介の必須の題材となっている。

動画サイトでドバイの政府系ディベロッパー「エマール」の制作した高画質ファイルを探し出す。およそ都市と建築に関係しているひとびとは、何をおいても、このパフォーマンスを真剣に見る必要がある。21世紀になって出現した、ドバイにしかない活気あふれる都市・建築像が端的に提示されているからだ。

砂漠を背後に控えた「ダウンタウン・ドバイ」は漆黒の闇に包まれている。いや闇ではあっても暗黒ではない。開発が進行した現在、完成した高層建築群の窓から、光の粒がこぼれ落ちて、絨毯に散りばめたかのように煌めいている。花火のショーが始まる。聳え立つ「ブルジュ・カリファ」の高さは828メートル。基壇から頂点までの各階から水平に放たれた花火が、鋭利なアイスピックを思わせる建築本体の外側に、動感豊かな光の外郭線をつくりだす。白、赤、緑など多色の花火の発射は間断なく続く。花火の煙がその艶やかな色彩を気まぐれに見え隠れさせることも手伝い、人類の作り出した幻想的な人工美が、キャンバスとなった砂漠を背景に躍動する。有史最高層の構築物さえ、動き出すかのように思えてくる。

　こうした摩天楼を題材にした演出的な都市照明はアール・デコの時代のサーチライトの採用に始まる。エッフェル塔（1889年）や1920～30年代のニューヨーク、シカゴの摩天楼が、20世紀のひとびとが手にした電気照明によって、都市的スケールで自在にショーアップされた。天を突き、神威に迫る構築物をそうやって都市民にアピールした時代の活力は長く忘れられていたが、それが中東の地でよみがえった。花火という21世紀にしては古風な光の装置は、電気仕掛けの制御された光とはまた別次元の躍動感をもたらし、世界からこの催事を目当てに集まった見物客に驚きの声を上げさせる。

　光跡は荒々しく動いては消滅し、そこに爆発的な動きも加わる。SF映画のコンピューター・グラフィックスの特殊効果を見慣れた観客にとって、目の前にある現実の都市の躍動は新鮮であり魅力的だ。デジタル環境の拡大とともに、都市の存在感が希薄化する状況下で、ここまで積極的に都市をアピールする演出は他に存在しない。ヒューマンスケールを超えた実在のキャンバスに展開する光のショーは、世界の「ここにいるのだ」という手応えと実感にあふれ、都市がまだまだ魅力を秘めていることを、ドバイは世界に向けて誇示しているかのようだ。

　視覚だけではなく、エスニックな色合いを帯びた音楽が耳に飛び込んできて、聴覚からもこの都市パフォーマンスの魅力にとりつかれる。眼前に広がる「ドバイ・ファウンテン」の広大な水面では、その音楽に合わせて、コンピューター・プログラミングで制御された噴水が、あたかもラインダンスのような動きで彩りを添える。色とりどりの花火は「ブルジュ・カリファ」を中心に広がる「ダウンタウン・ドバイ」一帯の、「ジ・アドレス」や「ジ・インデックス」な

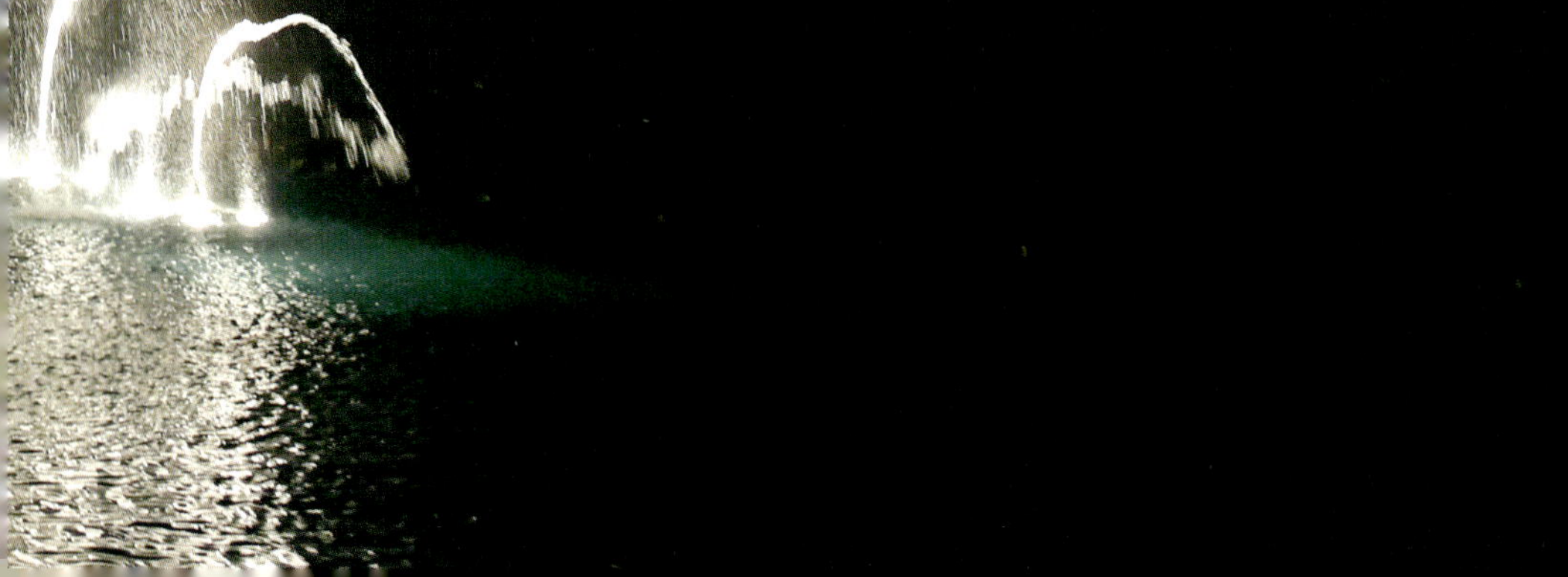

ど主立った超高層ビルの屋上からも天上に向けて発射され、興奮は最高潮に達していく。
「沸騰都市」というのは、２００９年のドバイ・ショック前夜の、ドバイの急速な経済発展を取り上げたＮＨＫのルポルタージュＴＶ番組のタイトルだが、一時的な頓挫を克服したドバイは、花火の演出さながらの燃え上がるほどの加速度を取り戻し、世界の都市開発の歴史に新たな足跡を印そうとしている。ドバイが自らの回復を世界に発信するために一分の隙もない演出で仕立て上げたのが、この年越しの深夜のパフォーマンスなのだ。それは今や瞬時にインターネットの動画サイトで世界に向けて情報発信される。その利点を最大限に生かすところにも、したたかな国家あげての都市造営の戦略を見て取ることが出来るだろう。

一段と「高く」「新しい」摩天楼の群れ

霧が晴れるにつれ、本当に高い塔状の建物のてっぺんが、ひとつ、またひとつと視界に飛び込んでくる。あらゆる方向、視線の行き着くところまで、眺望は尖塔によって刻印される。
（ヒュー・フェリス『明日の大都市』１９２９年）

超高層ビルが英雄的に社会を牽引した時代、建築のドラフトマン出身の画家ヒュー・フェリスは、やがて出現するであろう摩天楼都市ニューヨークの空想の姿をそう記している。そのアール・デコの時代からニューヨークは絶え間なく摩天楼を建設、更新し続け、世界に冠たる高層都市になった。

だが、フェリスが夢想したときには土着の集落しかなかった中東ドバイの地に、今やニュー

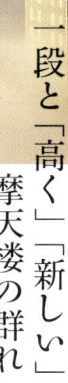

ヨークを凌ぐ摩天楼の都市が「確かな現実」として出現し、存在感を高めている。最高層を中東に獲得した「ブルジュ・カリファ」の展望フロアに立つと、天候によっては足元の厚い雲の層から、にょきにょきと高層ビル群が頭を出す光景を堪能できる。フェリスが記した幻想の光景がまさに眼前に広がっているのである。「ブルジュ・カリファ」の高さ828メートルは、ニューヨークで最もポピュラーな展望デッキを持つ20世紀の摩天楼の象徴「エンパイア・ステート・ビル」（1931年）の381メートルに倍する。21世紀になって人類が手にした圧倒的なスケールが「見たこともなかった幻想の光景」を現実にしているのである。

ドバイが、摩天楼画家の空想を現実にしたというのであれば、実際、どれぐらいの数の、また、どんな高さの超高層ビルが林立しているのか、その全体像を具体的な数字でたどるところから、解き明かしていかねばなるまい。

世界の超高層ビル関係の技術者らでつくる「高層建築・都市居住会議」(略称CTBUH、米シカゴ)のデータベースがある。更新も迅速で摩天楼の現在をとらえる資料として的確だ。以下、このデーベースに従って、ドバイと世界の摩天楼都市を比較する。

CTBUHのデータベースによると、2015年が明けた時点でのドバイに建つ高さ「100メートル超」の超高層ビルの数は、205本となっている。ちなみに100メートルは、わが国最初の超高層ビル「霞が関ビルディング」(147メートル)が計画された当時、地震国日本において超高層が目指す高さの目安とされた数値だ。

実は、この205本という数字自体、世界比較では驚くほどではない。「100メートル超」の本数世界一は、摩天楼都市の本家「ニューヨーク」で699本を数える。次いでアジアの高層化では歴史的な先導役をつとめた「香港」が

417本で2位となり、ニューヨークと19世紀末から高さ競争を続けてきた「シカゴ」が297本で3位にランクされている。「ドバイ」はとなると、やっと4位に顔を出すぐらいで、3位のシカゴに100本近く引き離されている。

ちなみにその下は、5位「上海」136本、6位「東京」130本となっている。ヨーロッパ圏では、「モスクワ」が11位98本で顔をのぞかせる。「ロンドン」34位44本、フランクフルト52位30本はまだ経済首都としての面目を保っているが、パリ147位7本（新都心ラ・デファンスを除く）となると、明らかに都市観の違いが反映している。

「100メートル超」では離された4位に甘んじていたドバイだが、「150メートル超」、「200メートル超」、さらに「300メートル超」とハードルがあがるにつれ、ライバルをひとつずつ蹴落として、世界最高層保有都市の真価を発揮し始める。

「150メートル超」だと1位「香港」303本、2位「ニューヨーク」236本、「ドバイ」は順位をひとつあげ3位になるが、まだ143本で、上位2都市に水をあけられている。地震を抱える「東京」は113本で6位に後退する。

「200メートル超」は、超高層ビルの現在の世界基準値とみなせる高さである。「香港」の首位は変わらず63本、「ドバイ」は2位にあがって59本、ここで3位「ニューヨーク」の57本を抜き去る。「東京」は9位23本、圏外に去ったというところか。

「これは高い！」と思わず見上げる「300メートル超」になってくると、「ドバイ」は18本で断然の1位になる。「ニューヨーク」「香港」「シカゴ」が、各6本で2位を分け合い、以下、5、6、7位に「広州」、「深圳」、「上海」と中国の都市が名を連ねる。1本でも300メートル超がある都市は世界に32しかなく、「東京」はゼロに甘んじている。そのなかでドバイの18

2015年、超高層ビルの高さ別の本数、世界都市ランキング

	100m以上		150m以上		200m以上		300m以上	
1位	ニューヨーク	699	香港	303	香港	63	**ドバイ**	**18**
2位	香港	417	ニューヨーク	236	**ドバイ**	**59**	ニューヨーク	6
3位	シカゴ	297	**ドバイ**	**143**	ニューヨーク	57	香港	6
4位	**ドバイ**	**205**	上海	124	上海	45	シカゴ	6
5位	上海	136	シカゴ	116	深圳	31	広州	5

本という数字は、凄味さえ感じさせる。

　828メートルの世界最高層を保持し、かつ300メートル超では、次位の名だたる大都市の3倍に達する断然の1位。すなわちドバイは、まず「高さ」の基準で、圧倒的な世界第一の摩天楼都市として君臨していることがわかる。

　加えて、世界一を裏書きするもうひとつのファクタが「新しさ」だ。「21世紀」になってから、この14年ほどの間に、完成した超高層ビルの数を、やはりCTBUHのデータベースで都市別に列挙すると次のようになる。

　「ドバイ」は、「100メートル超」187本（全205本の90パーセント以上）、「200メートル超」59本（2000年以前は3本）、「300メートル超」では15本（同3本）を数える。ドバイの超高層の9割が21世紀の「産物」であり、まさに「21世紀の摩天楼都市」であることがこの数字から裏付けられる。

　不滅のライバルというべき「ニューヨーク」


ドバイとニューヨークの「100m 超」ビル建設本数の変遷

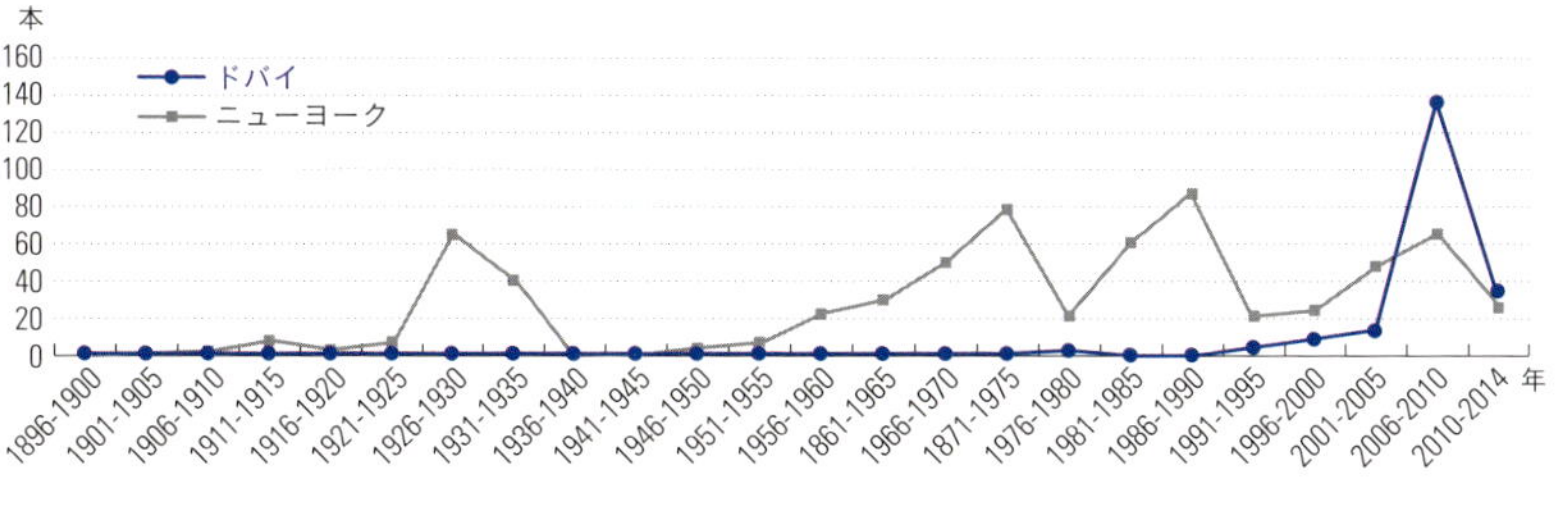

はどうだろう。21世紀の摩天楼は「１００メートル超」１４３本（全体の20パーセントほど）で、新世紀に限るなら、絶対数でもドバイの後塵を拝している。「２００メートル超」18本、「３００メートル超」となると4本に落ちてしまい、もはやドバイの敵ではない。西洋社会における超高層ビル建設の熱意の低下が、この数字に如実に反映している。

ちなみにドバイの超高層ビルが集中する「ダウンタウン・ドバイ」と「ドバイ・マリーナ＋ジュメイラレイク・タワーズ」の間の距離は18キロほど、対してニューヨークの高層ビル集中エリアの「シーグラムビル」一帯から「ウォールストリート」までは7キロそこそこだから、密集度ではニューヨークが上回っていることを、念のため付け加えておきたい。

ここまで見てきたように、ドバイの摩天楼群の強みは、なんといっても「３００メートル超」の高さと、「21世紀製」という新しさに尽きる。

この二つの優位で、ドバイは間違いなく、ニューヨークを凌ぐ「世界一の摩天楼都市」になったと見なせよう。ニューヨークの誇りは、19世紀に始まる歴史的な超高層の蓄積数という「昔話」に傾いている。摩天楼の本質が、年を追って「未踏の高さ」を目指すところにあるとするならば、もはや勝負はついたに等しい。年越しの花火とLED照明による広報動画の世界に向けての同時中継は、自身の勝利の雄叫びを全世界に轟かせる意味合いを帯びている。花火の煙が飛び去り、やがて夜が白み、ヒュー・フェリスの夢想した「未来の摩天楼都市」が、21世紀のアラブの地に姿を現すのを目の当たりにするとき、ドバイが「八つ目の世界の不思議」になったことを実感するのである。

0505055782

SOBHA
SOBHA
SAPPHIRE

「レイト・モダン」に始まる「宝冠」の造形

ドバイに21世紀に出現した超高層ビル群は、建築表現の新世紀を担えるものだろうか。超高層の高さ競争の舞台が本家の米国からアジア、そして中東へと移って20年近くになる。世界一を担ったマレーシア・クアラルンプールの「ペトロナスタワー」、台北の「タイペイ101」は、それぞれシーザー・ペリ、李祖原という意欲的な建築家がデザインに腕を揮い、地域性を連想させる仕立てをとった。だが、世界一奪取を達成した「ブルジュ・カリファ」以外の「群としてのドバイの摩天楼」は、先入観かも知れないが、表現よりも建設の速度にエネルギーを投じた促成栽培の危うさが気になって仕方ない。

経済発展著しい1990年代末の上海の「浦東」を「鉄腕アトムの都市」と表現した建築家の知人がいた。真鍋博あたりの未来都市といってもよいかも知れない。1950～60年代に、建築的な思惟に基づかず、流布していた「手放しの楽観的な未来像」を、辣腕の漫画家やイラストレーターが気軽に絵にした未来都市が、わたしたちの時代になって、急ごしらえで出現してしまった心もとなさ。それが、中国ご自慢の「経済街区」に対して、そんな「比喩」を口にさせたのである。

ドバイはどうだろう。「ブルジュ・カリファ」が聳える「ダウンタウン・ドバイ」とその近傍は、周到に練られた世界最高層の造形が、周囲の超高層ビル群までも引き立てているかのように美しい。やはり、「ここでぜひとも世界一を」という国家と建築家の強い思い入れの効果だ。

それに対して、ドバイにおける他の超高層密集地区の「ドバイ・マリーナ」と「ジュメイラレイク・タワーズ」などの摩天楼群は、2008年前後から急激に建設のピッチがあがったこともあり、上海・浦東に通じる「楽観の密集」のように見えなくもない。

やはり、ドバイの超高層の個々の表現を個別に確かめてみよう。

ドバイの摩天楼の真骨頂とされる「高さ300メートル超」に焦点をあてる。先に記したように「300メートル超」の数は18本。そのうち15本は21世紀になって登場したもので、20世紀の3本も含まれる。ちなみに「20世紀製」は、ドバイが新たなリゾートとして世界的な注目を集めるきっかけとなったホテル「ブルジュ・アル・アラブ」（設計＝アトキンス）と国策航空会社エミレーツの「エミレーツ・タワー」（設計＝NORRアーキテック・エンジニアーズ・プランナーズ）のツインタワーである。この3つの建築の完成年は、前者が1999年、後者が2000年だから、20世紀といっても末尾の2年であり、他の15本と時期的には切れ目なくつながっている。そうとなれば、とりたてて「21世紀製」とは区別はせず、以下、18本をひとつの群として扱うことにする。

18本の外観デザインを俯瞰的に眺めると、大まかな区分で三つの傾向に分類できるだろう。

「レイト・モダン」
「ポスト・モダン」
「アラブ風エスニック」

この三種類については、ざっくり次のような「定義」とする。

近代主義批判に呼応して、モダニズムの抽象表現を洗練させたのが「レイト・モダン」で、今日、ごく自然に超高層ビルを設計すると、そこに落ち着くスタイルといえるだろう。

一方、「ポスト・モダン」は、モダニズムの機能・合理主義偏重を批判して、西洋世界の過

pp.024-036 立面図凡例

A 最高高さ
B 軒高
C 最上階高さ
D 展望台高さ
E 階数（地上／地下）
F エレベータ数／最高速度
G 延床面積（タワー部／総延）
H 住戸数
I ホテル客室数
J 駐車台数

pp.024-036 Elevations ©Council on Tall Buildings and Urban Habitat

去様式を参照し、シルエットや色彩をポップにアレンジしてみせる。

「アラブ風エスニック」は「ポスト・モダン」が回復を試みた歴史の造形を、風土に拡張したもので、ドバイならではの表現選択と位置づけられる。

この定義をもとに、「レイト・モダン」と分類されたのは、20世紀の3つを含む9本で、全体の半数を占めた。

高さの828メートルも、表現の質も、圧倒的なのは「**ブルジュ・カリファ**」（2010年）だ。3方に足を広げる平面配置の原形は、現地に自生する植物ヒメノカリスの長く伸びる純白の花弁のイメージだ。ファサードは、上階に伸びる従って、セットバックを反復し、そこから上の塔芯をより細く仕立てて垂直性の強い表現を達成した。上昇の軌道は全体としては螺旋形で、

ブルジュ・カリファ
Burj Khalifa

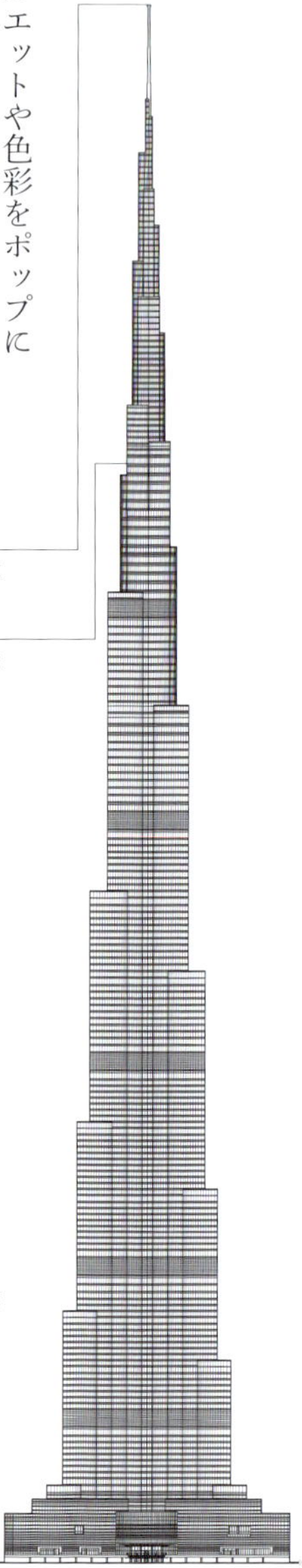

A 829.8 m / 2,723 ft
B 828 m / 2,717 ft
C 584.5 m / 1,918 ft
D 555.7 m / 1,823 ft
E 地上 163 階
地下 1 階
F 58 基　10 m/s
G 309,473 m² /
3,331,140 ft²
H 900
I 304
J 2,957

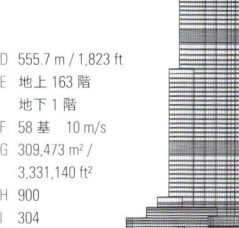

その点では、ブリューゲル父ら、西洋世界の画家たちが描き続けた「バベルの塔」の姿を踏襲している。この秀逸な表現は、米国最大級の設計事務所SOMのメンバーで、現在は独立した建築家エイドリアン・スミスの手腕に負うところが大きい。いかにも人工的でメタリックな高層ビルでありながら、隠し味として、自生植物の生命力や土着の記憶を取り込んだところに、モダニズムのインターナショナル志向への穏和な決別がうかがえる。まさに「レイト・モダン」のあるべき姿で、世界最高層が実現されたと評価したい。

「カヤン・タワー」(306メートル、2013年)は、その奇怪とも思える姿態が「インフィニティー・タワー」という魅力的な前名と相まって、ドバイの建築の動向に関心を持つひとたちに強い印象を与えてきた。モノリシックな躯体を90度捻ったツイストの表現が、抽象立体にとどまりながらも、21世紀における建築の冒険を志す

カヤン・タワー
Cayan Tower

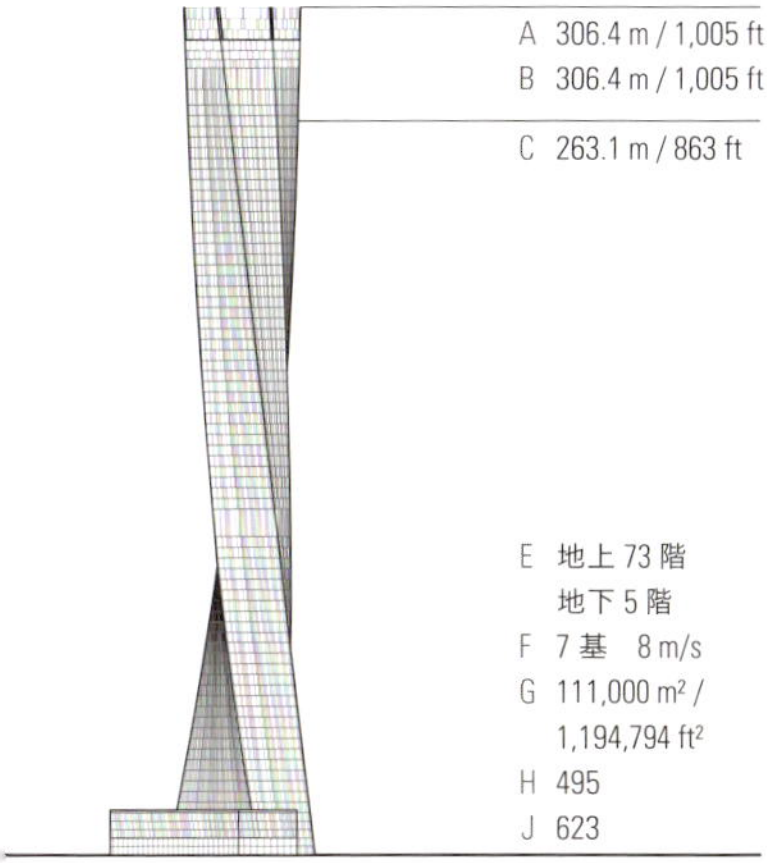

意欲をうかがわせる。このなまめかしい姿態は、造形にコンピューターが自在に使えるようになった成果であり、その点でも21世紀的といってよい。捻りを恣意的にもう少し加えれば、ザハ・ハディド流の表現の域に到達したであろうが、現在の姿にとどまったところに、設計者のSOMの安定感と限界、つまり「レイト・モダン」の本質が投影されているとも考えられよう。

英国の事務所アトキンスの「**ジ・アドレス**」（302メートル、2008年）は、1920年代のアール・デコの摩天楼を意識しながらも、各部の造形は抽象的な幾何図形・立体でまとめて、これも後期モダニズムらしい節度と華麗さを併せ持っている。アトキンスはホテル「**ブルジュ・アル・アラブ**」（321メートル、1999年）も手がけている。こちらは大空間をアクロバット的な構造で実現して見せた。ドバイで最も意欲的な構造表現といってよいだろう。その構造体がヨットの帆を連想させるところに、抽象の枠に

ジ・アドレス
The Address

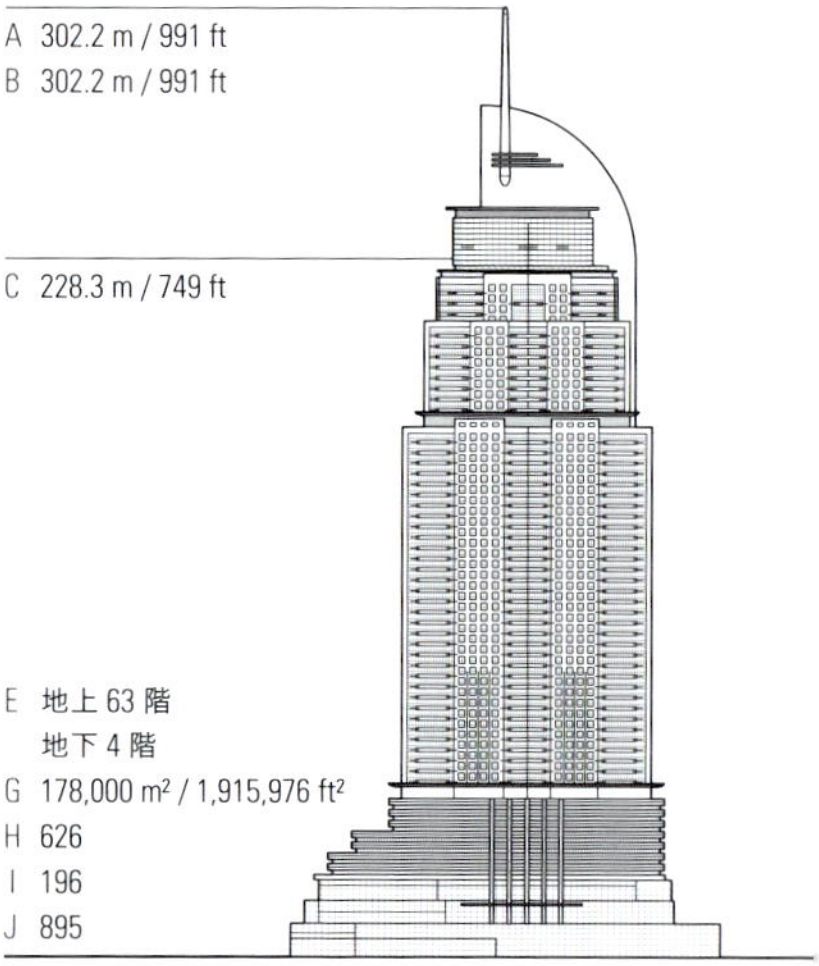

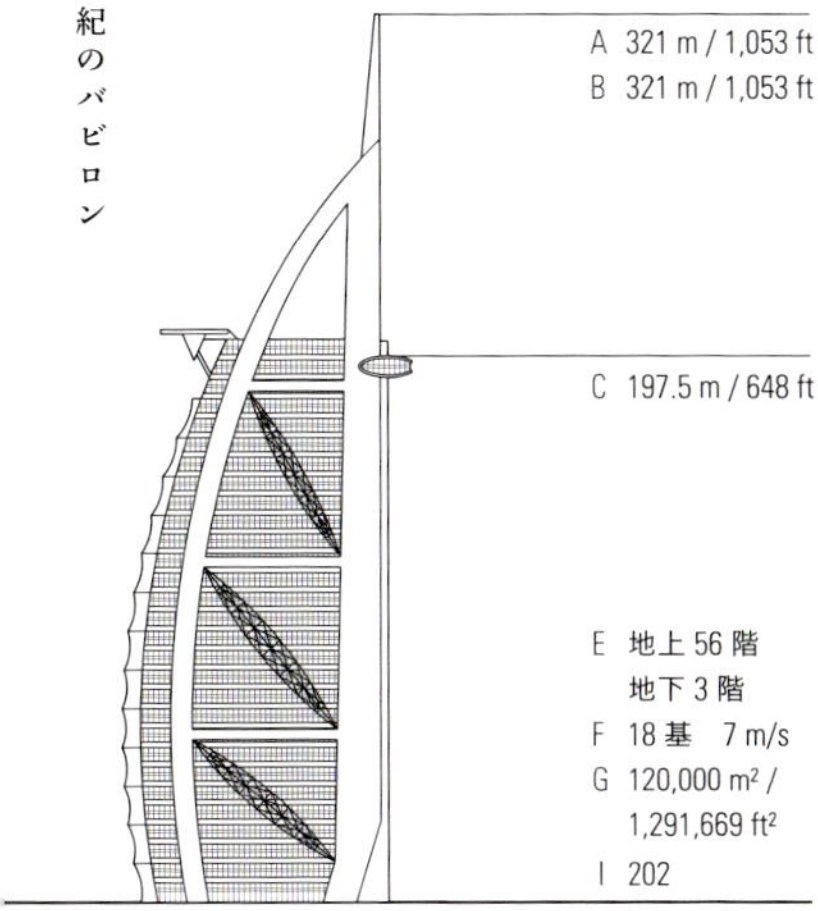

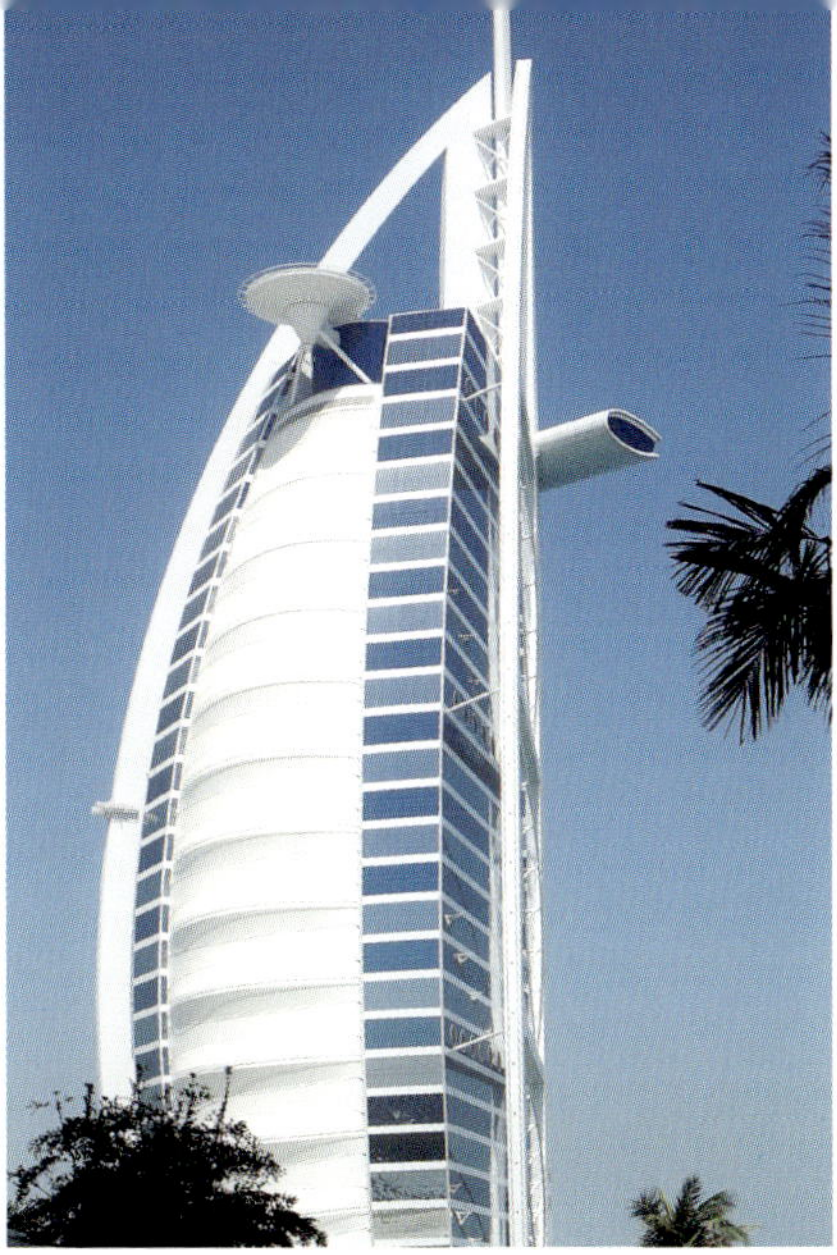

ブルジュ・アル・アラブ
Burj Al Arab

アルマス・タワー
Almas Tower

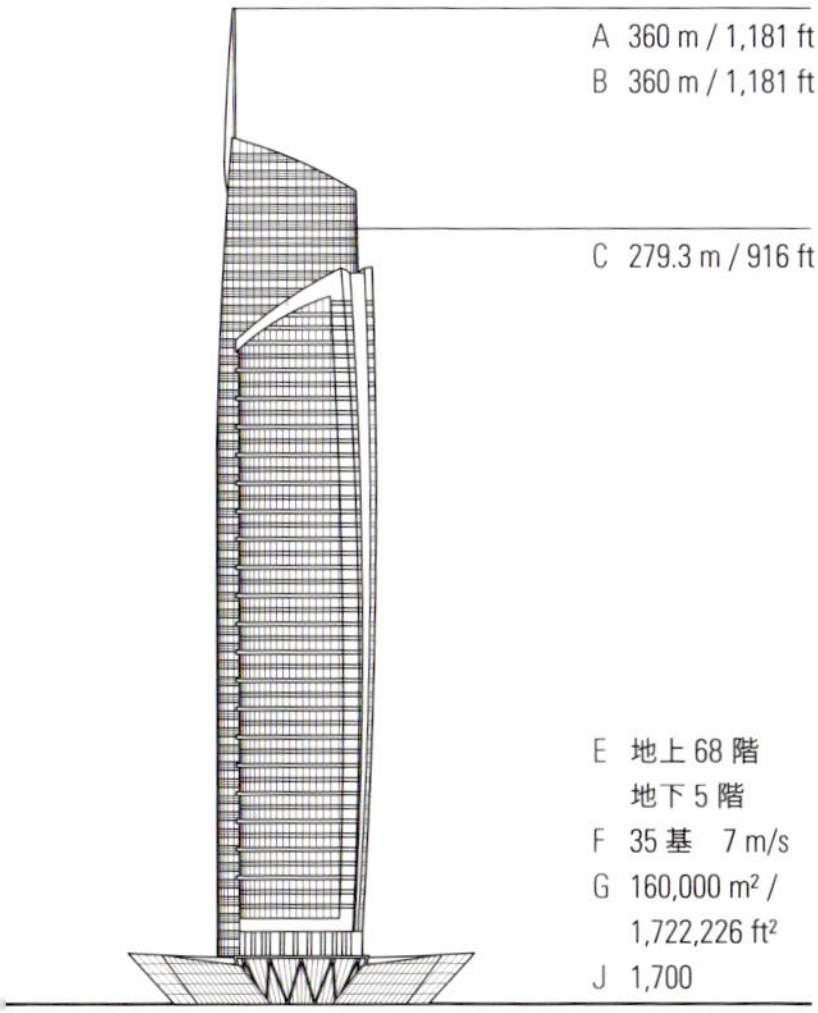

こだわらない「レイト・モダン」らしさが読み取れる。「**アルマス・タワー**」（360メートル、2008年）もアトキンスの設計。二つの形態の異なる幾何立体を、敢えて衝突させるかのように接ぎあわせている。一日の日照の変化に配慮した結果というが、これもモダニズムの制約から一歩踏み出した選択と位置づけてよいだろう。

世界最高格の建築家のひとり英国のノーマン・フォスターの「**ジ・インデックス**」（326メートル、2010年）は正面ファサードの全体形が下辺の広い台形の形状をとり、茫漠たる砂漠に屹立する安定感の表現となっている。日照を和らげるシステムなど機能面の配慮も怠りなく、抽象表現にとどまりながら、モダニズムの改良がもたらした現在の摩天楼の立ち位置を体現している。

「**オーシャン・ハイツ**」（310メートル、2010年）は、香港をベースに活動するAEDASの設計。外壁面のテクスチュアを、

オーシャン・ハイツ
Ocean Heights

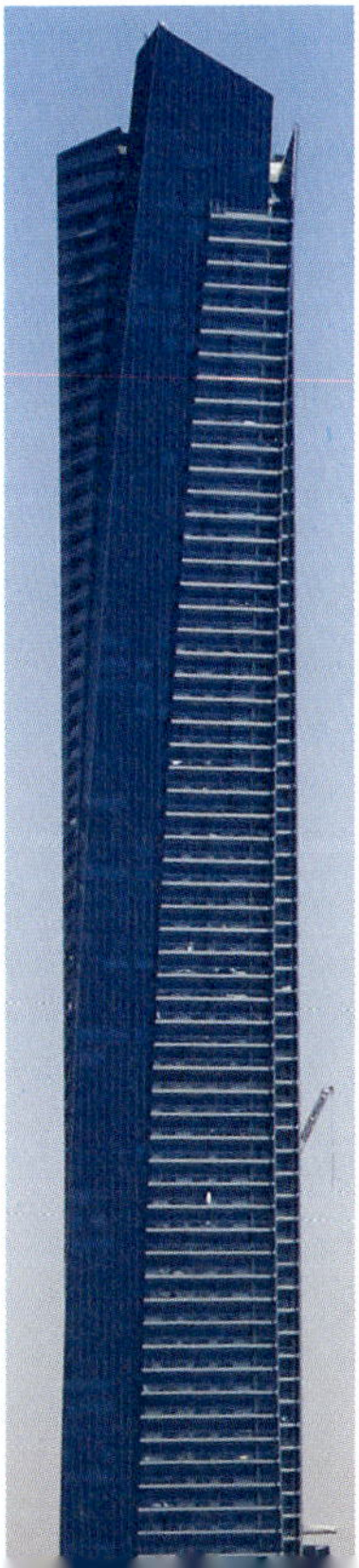

A 310m / 1,017ft　B 310m / 1,017ft
C 288.5m / 947ft
E 地上83階　地下3階　F 6基
G 113.146m² / 1,220,800ft²
H 519　J 582

ジ・インデックス
The Index

A 326 m / 1,070 ft
B 326 m / 1,070 ft
C 322 m / 1,056 ft
E 地上 80 階
地下 5 階
F 27 基
G 170,400 m² / 1,834,170 ft²
H 520
J 2,442

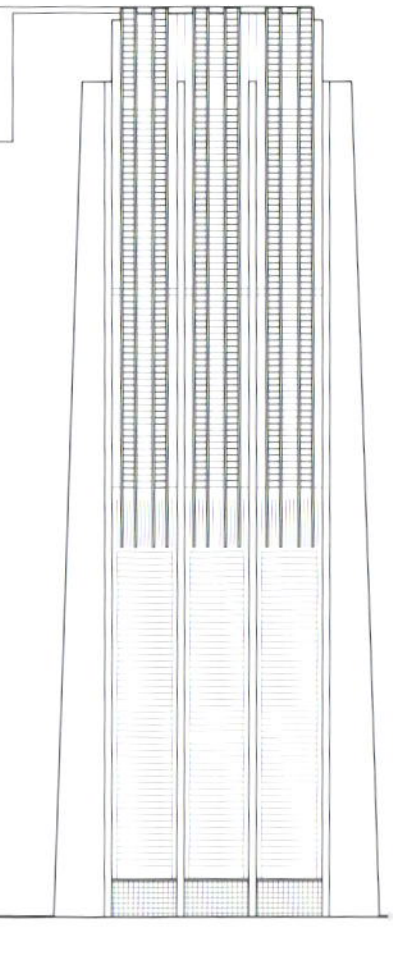

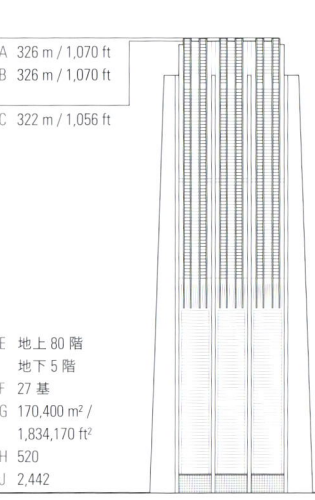

ガラスとコンクリートのフレームをそれぞれ強調した2つの部分に分けて、超高層全体をあたかも反った刀のように仕立て上げた。刃先を空に向け、大地に聳え立つ。存在感はかなりのものだ。それでも構成要素は抽象図形に徹しており、「レイト・モダン」に分類されよう。カナダの事務所NORR設計の「**エミレーツ・タワー**」のツインの高塔（354メートル、309メートル、2000年）は、ニューヨークの「シティー・コープ・センター」（設計＝ヒュー・スタビンス、1977年）から援用した片流れ屋根の頂部が、形骸化したモダニズムの摩天楼からの脱皮を模索した時期を思い起こさせる。

これら9本の「レイト・モダン」の超高層の共通項は、設計者が、フォスターを筆頭に、ほとんどが米、英国、カナダといった英語圏を活動のベースにしている建築家、建築設計事務所であるという点だ。それは「摩天楼のグローバル・スタンダード」をドバイが求めた結果に他な

エミレーツ・タワー
Emirates Towers

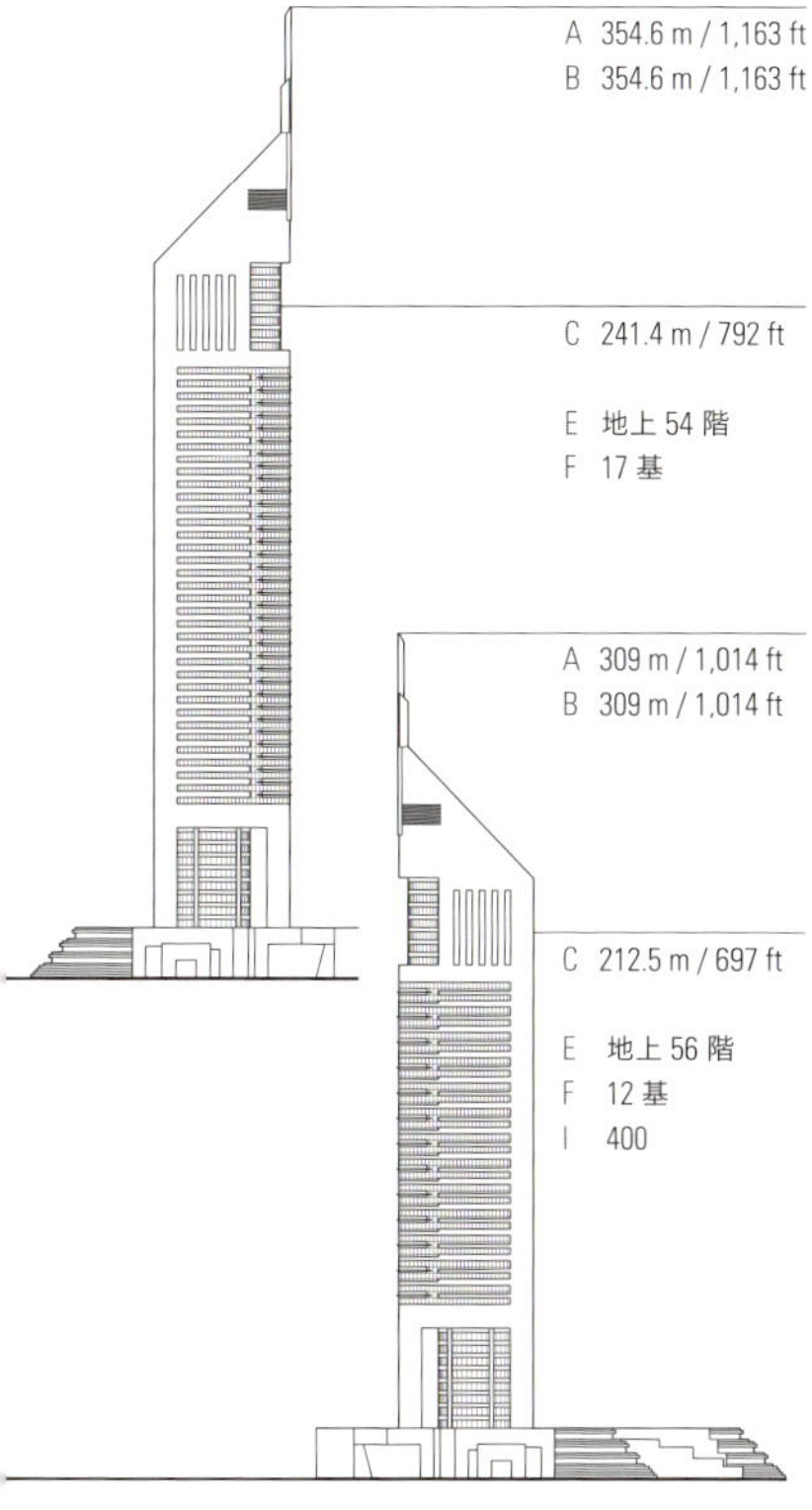

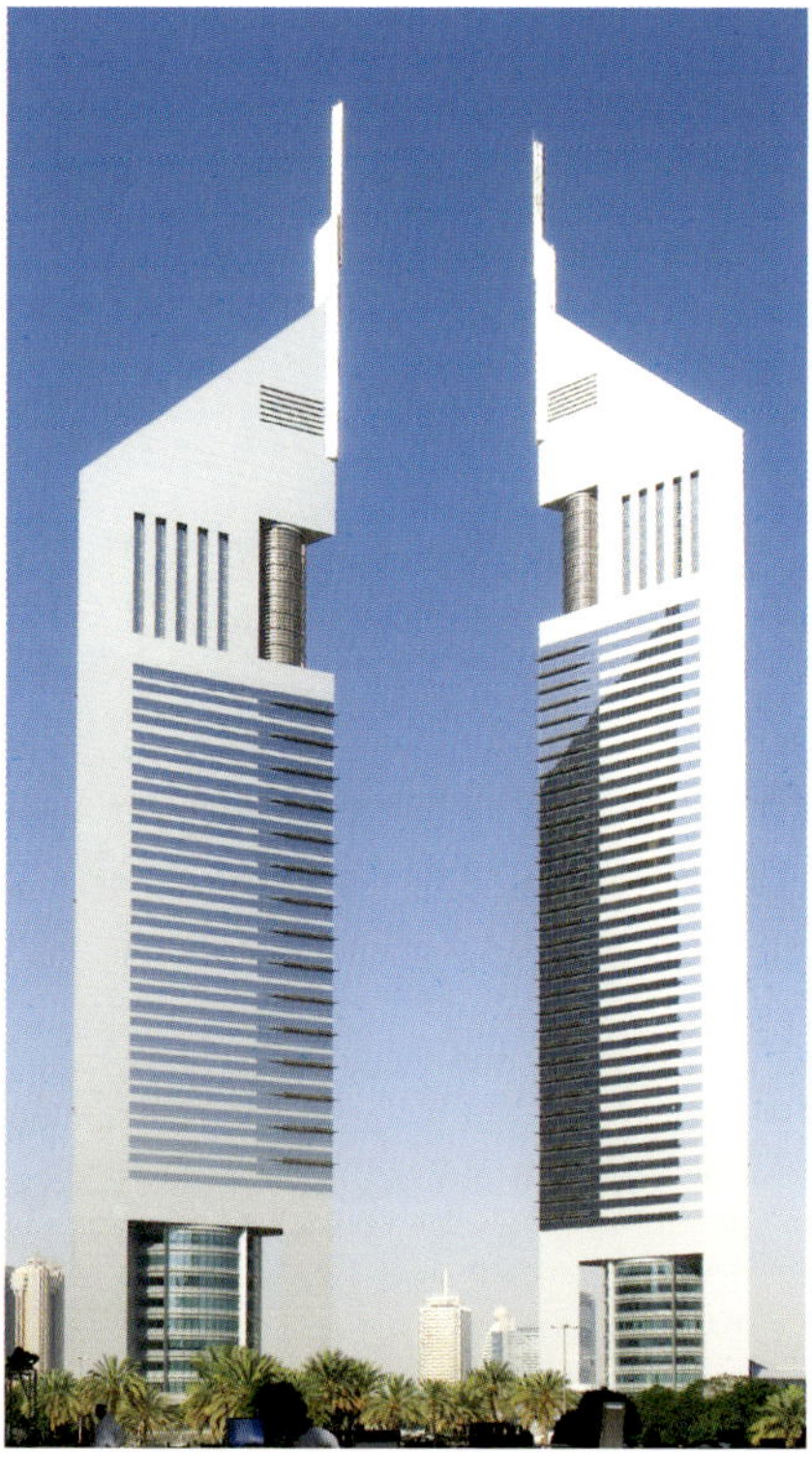

らない。その目的達成に、超高層ビル設計の経験が豊かで着実な手腕と実績を持つ、旧宗主国の英国など英語圏の建築家たちに白羽の矢が立った。摩天楼建設ラッシュの発端となった「エミレーツ・タワー」が、「シティー・コープ・センター」の造形を借りたところに、そうしたドバイの意図を確かめることが出来るだろう。国際金融の荒波に漕ぎだすにあたって、米金融資本の本丸をなぞったのは「グローバル・スタンダード」に到達したかった事情の反映と受け止めたい。

「レイト・モダン」はあと1本あって、「**HHHRタワー**」（317メートル、2010年）がそれだ。この超高層の設計者は、ドバイのファラヤンド建築技術コンサルタントなどで、地元系ではただひとつ「レイト・モダン」を手がけている。造形はアトキンスの「アルマス・タワー」と同じく二つの異種立体を抱き合わせてひとつの摩天楼の躯体とした。

HHHRタワー
HHHR Tower

A 317.6m / 1,042ft
B 317.6m / 1,042ft
C 267m / 876ft
E 地上72階
H 454

摩天楼の脱近代——アラブの造形を求めて

1980年代の「ポスト・モダン」全盛期に計画された多くの超高層ビルは尖塔を立て、「宝冠」と呼ぶにふさわしい装飾的なオブジェを頂部に載せることが多かった。立地する都市の「イコン（聖像）」たらんとしたためだ。「宝冠」の造形が、アール・デコの摩天楼の尖塔や頂部の仕立てを引用し、往時の造形に回帰するのは、歴史や装飾を排除したモダニズムを指弾する「ポスト・モダン」として自然な選択だった。モダニズムの一党独裁的支配の前夜1920年代を席巻した流行様式こそアール・デコだったからだ。磯崎新は、そうした米国の摩天楼を揶揄的に「ポスト・モダン・デコ」と呼んだ。

　ドーム屋根をいただく「**プリンセス・タワー**」

プリンセス・タワー
Princess Tower

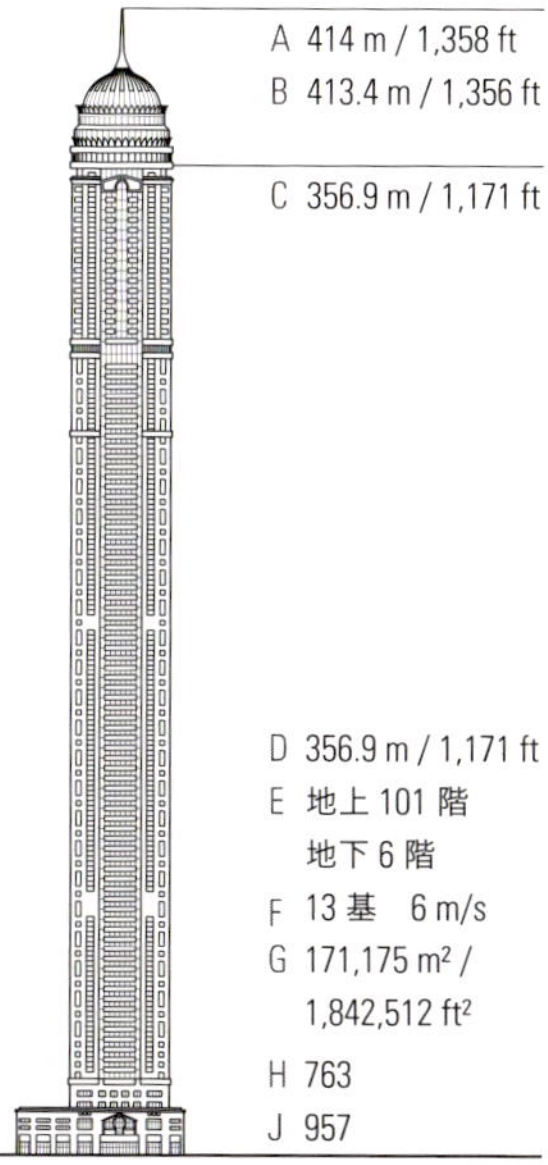

（413メートル、2012年）と、急傾斜の尖塔が空に向って伸びる「**23マリーナ**」（392メートル、2012年）は、まさに磯崎のいう「ポスト・モダン・デコ」の典型だ。前者はドバイのアドナン・サファリニ・エンジニアリング、後者はインドのハフェーズ・コントラクターなどの設計で、「レイト・モダン」から顔ぶれは一変、非西洋世界の建築家たちが登場する。

アドナン・サファリニ・エンジニアリングの手になる「**アル・ヤコブ・タワー**」（328メートル、2013年）は、外形そのものがロンドンの国会議事堂ビッグ・ベンのゴシック・リバイバルを連想させる。手放しで明け透けすけな「西洋の歴史参照」のポスト・モダンの出で立ちの選択だ。ここまでの3本が「ポスト・モダン」となる。

残りの5本は「アラブ風エスニック」と見なせる。いずれも中東の地ならではの不思議な造形が頂部に施されているのを特徴とする。

23マリーナ
23 Marina

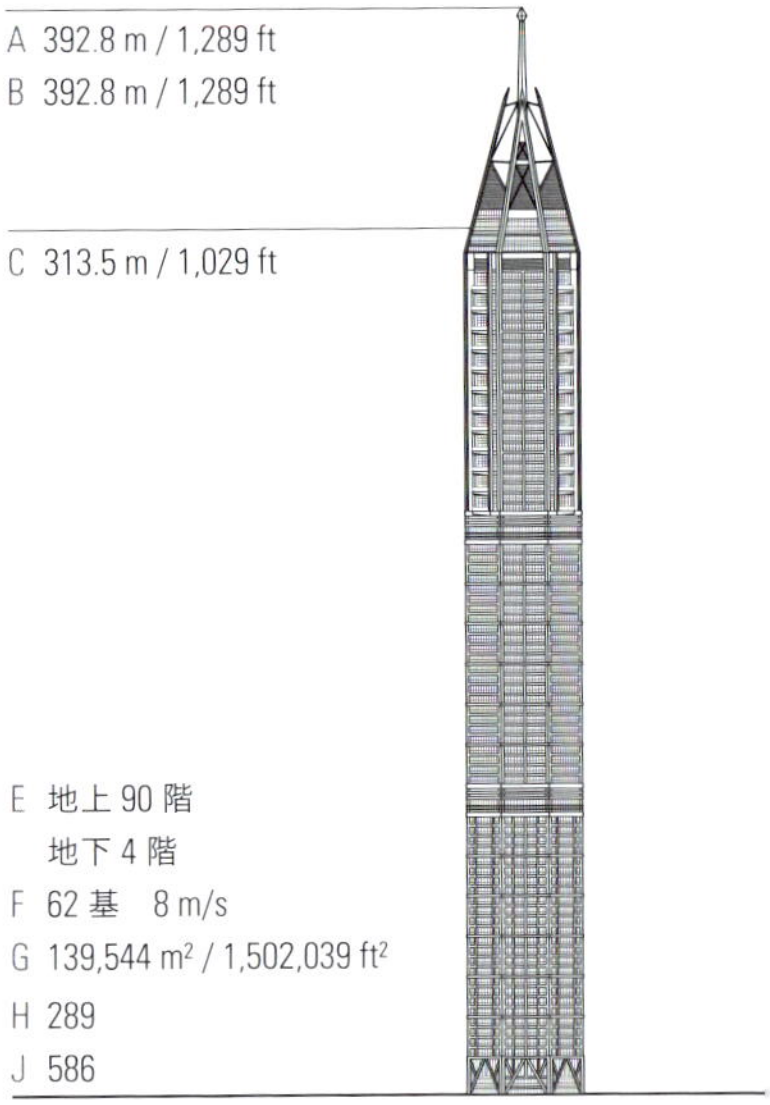

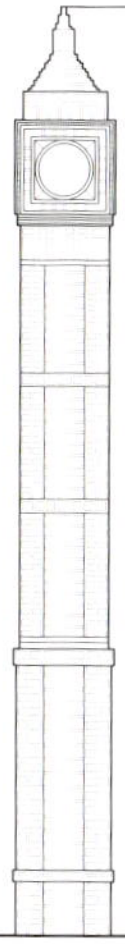

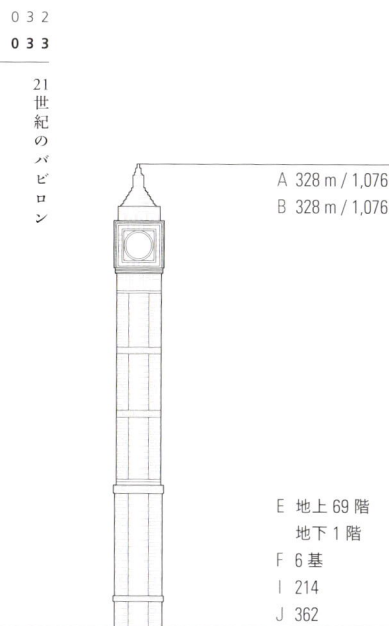

A 328 m / 1,076 ft
B 328 m / 1,076 ft
E 地上 69 階
地下 1 階
F 6 基
I 214
J 362

アル・ヤコブ・タワー
Al Yaqoub Tower

ザ・トーチ
The Torch

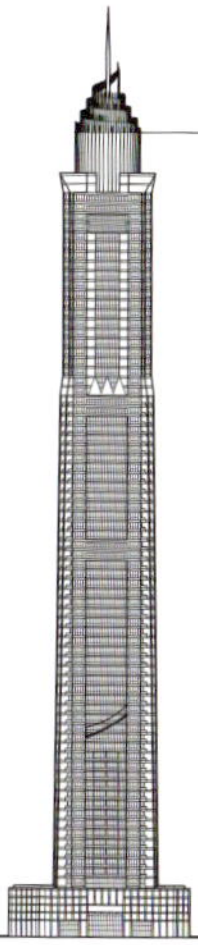

A 352 m / 1,155 ft
B 352 m / 1,155 ft
C 300.1 m / 985 ft
D 300.1 m / 985 ft
E 地上 86 階
地下 3 階
F 8 基　6 m/s
G 94,306 m^2 /
1,015,101 ft^2
H 676
J 686

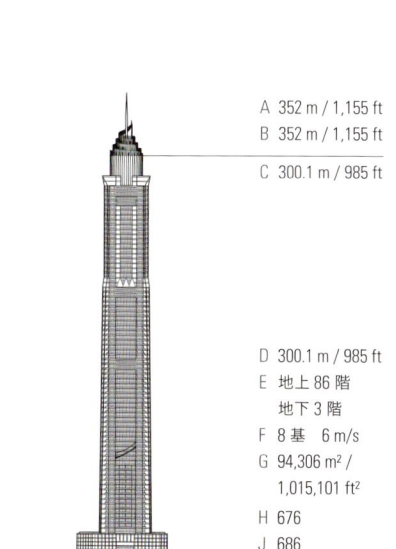

極めつけはレバノンのカティブ&アラミによる「ザ・トーチ」（352メートル、2011年）だろう。ここで「宝冠」に選ばれたのは、イラクのサーマッラーに残るマルウイヤ・ミナレット（9世紀半ば）の螺旋スロープの造形である。このミナレットは、人類が天を目指して建設し、神の怒りに触れた「バベルの塔」を後世の画家たちが描く際の、原型のひとつとされてきた。「宝冠」への採用は、中東の文脈を強く意識した結果だ。躯体は、窓枠の垂直水平線を強調したモダニズムの範疇の造形だが、頭上のこの螺旋スロープによって、この摩天楼は世界のどこにもない奇異なものになった。中東の建築家ならではの摩天楼といえるだろう。

同じカティブ&アラミによる「ローズ・レイハーン・バイ・ロタナ」（333メートル、2007年）は、基壇から外壁を曲面で立ち上げ、それが頂部で3次元立体を削ぐ形で集束する。この削り込みの3次元曲線は、アラブの伝統的

ローズ・レイハーン・バイ・ロタナ
Rose Rayhaan by Rotana

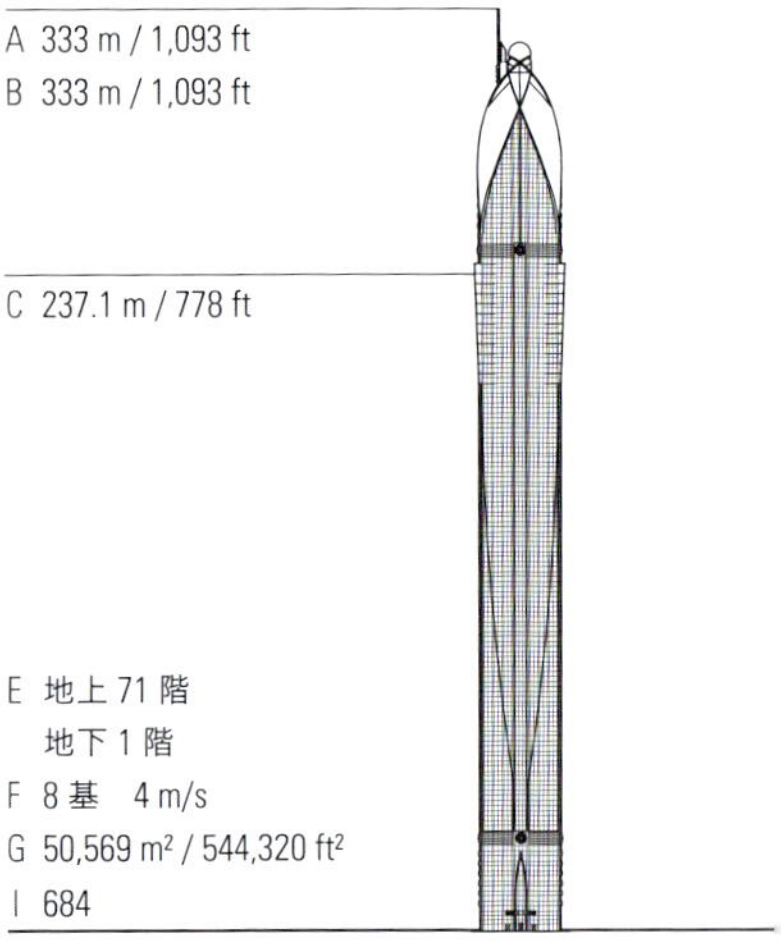

な美学の現代における提示として秀逸だ。頂部の純白の立体フレーム、深みのあるコバルト色の躯体を覆うガラス壁など、素晴らしい色彩感覚のもとに、切れのある造形が「300メートル超」の塔に凝縮された。建築家の力量をうかがわせるに十分な構成だ。

先出のアドナン・サファリニ・エンジニアリングの「**エリート・レジデンス**」（380メートル、2012年）の「宝冠」は、内側に反った純白の枠組で構成され、やはりアラブのデザインを連想させる。1980年代にヘルムート・ヤーンがシカゴの「ワン・サウス・ワッカー」（1982年）で試みた超高層のシルエットをミラーガラスの外壁に投影した技法を具象化した表現がファサードには展開されている。ドバイのアーク・グループ・コンサルタントのホテル「**JWマリオット・マーキス**」（355メートル、2012年、2013年）の2本のタワーの「宝冠」は、ダイヤ型の立体を外向きにはね出した板状

エリート・レジデンス
Elite Residence

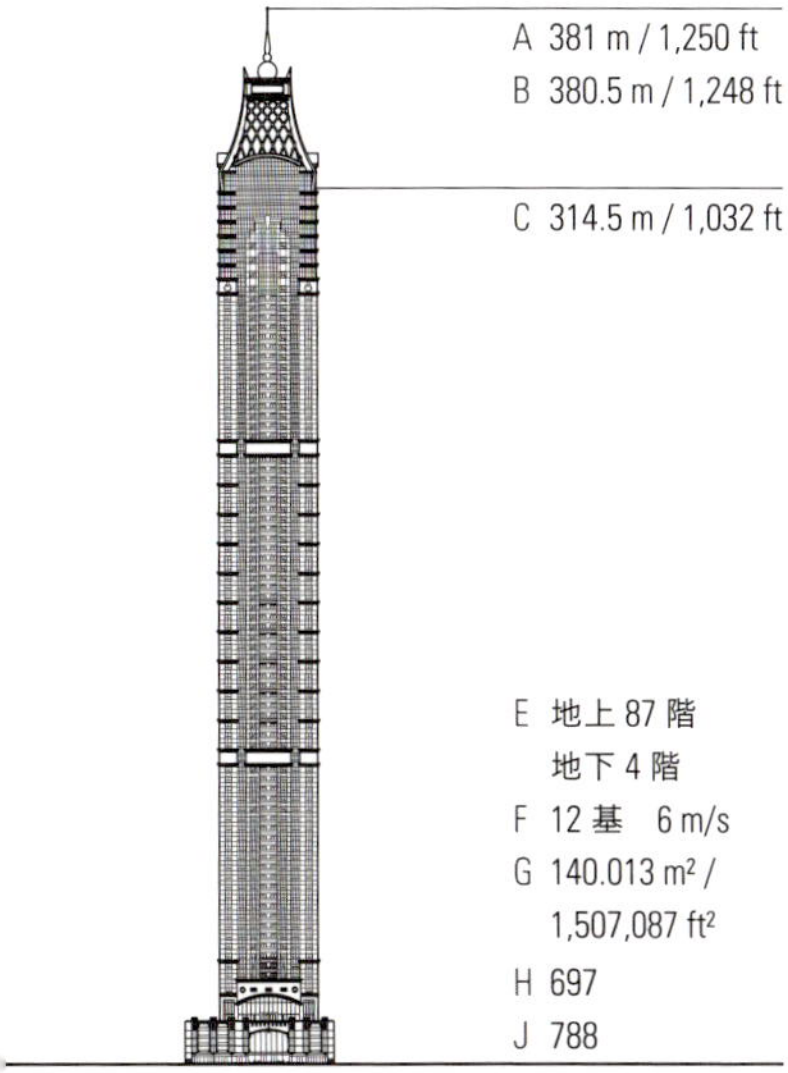

のフィンがミナレットを想起させる塔を支える幻想的な造形だ。

　これら「アラブ風エスニック」の担い手は、お膝元のドバイをはじめ中東の地で活躍する面々だ。旧宗主国などの大事務所の設計力を駆使して、摩天楼都市ドバイは基盤を固め、一方で「グローバル・スタンダード」とは異なる新たな摩天楼の造形に挑戦し続けている。その「成果物」が、これら印象的な「アラブ風エスニック」の「宝冠」をかぶった摩天楼群なのである。

　ただ現時点では、建築の冒険はいわば髪飾りの次元にとどまり、ニューヨークやシカゴが育んできた既存の摩天楼の「定番的造形」を超越打破する次元には達していない。ニューヨークにおいて、ゾーニング法（1916年）がもたらした斜線制限のセットバックと建築家たちが数十年にわたって格闘し、「20世紀最大の発明」と呼ばれる超高層ビルを完成させた軌跡と比較するとき、挑戦はまだまだ始まったばかりだ。

JWマリオット・マーキス
JW Marriott Marquis Hotel Dubai Towers

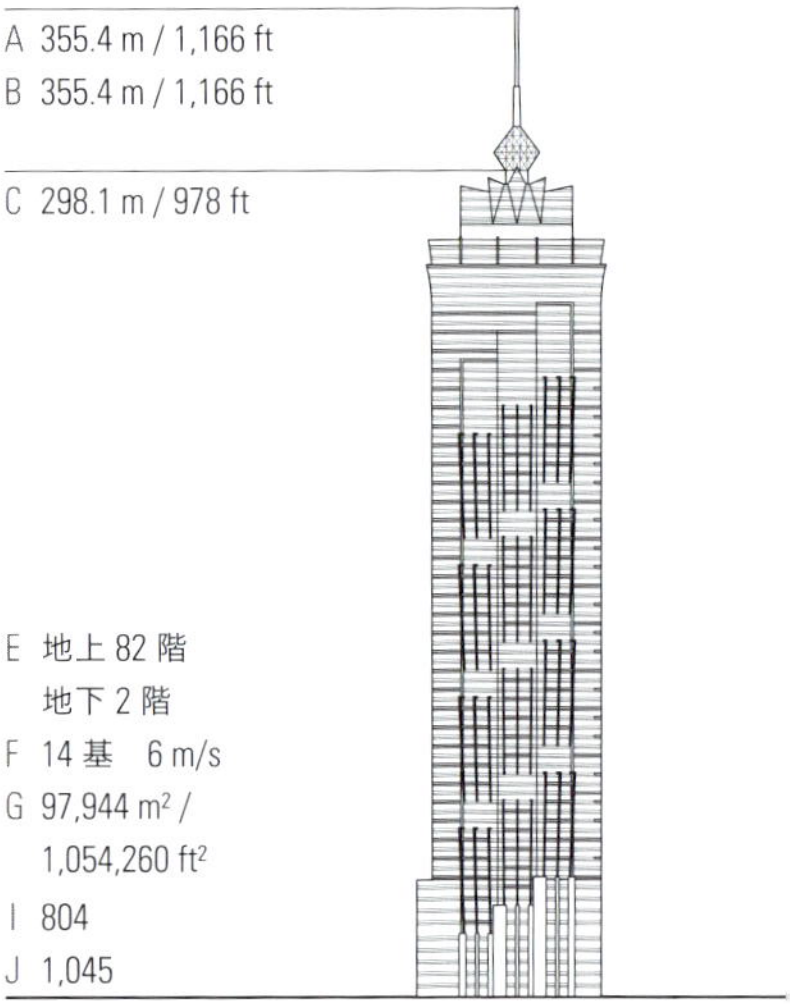

パリ、ラスベガス、そしてドバイ

21世紀の幕開けの日、わたしはアメリカ・ネバダ州の砂漠のまんなかの歓楽都市「ラスベガス」に滞在していた。アメリカの世紀だった20世紀が暮れようとしていた。とはいえ、同時多発テロの前年でもあり、雰囲気は陽気で、次なる世紀への楽観が街頭にあふれていた。ラスベガスの背骨にあたる「ストリップ大通り」は繰り出した群衆で騒然とし、ほうぼうのホテルから花火が打ち上げられると大きな歓声があがった。しかし、ドバイほどの強固な国家意思は存在せず、思えば控え目な興奮だった。インターネットは普及していても、まだまだ投稿できるような動画サイトなど存在しなかった。通信速度には限界があり、画像処理の能力も低く、現在のドバイのような情報発信は不可能だった。せっかくの新世紀の幕開けなのに、アメリカにしてそれほどささやかだったと、今にして思う。

そのラスベガスが「20世紀最後のブームタウン」であるとするなら、ドバイは間違いなく「21世紀最初のブームタウン」である。ラスベガスが古めかしい賭博のまちから脱皮して新たなる都市として隆起したのが1990年前後、一方のドバイが圧倒的な摩天楼都市として認識されたのは2005年以降であり、タイムラグは15年ほど。「ささやか」から「大胆で至れり尽くせり」まで、世紀の分け目を境に、現代建築と都市のなにが変わり、どこが変わらなかったかを検証してみる価値はあるだろう。

もとより19世紀を起源とする「ブームタウン」は、産業革命に始まる国家規模での経済運営がもたらした富の、都市への集中的な投資のひとつの成果だった。一方で、工業化社会の発展と成熟による金融環境の国際化が、グローバルな投資先として「ブームタウン」を必要とした。

19世紀半ばのナポレオン3世とその命を受けたセーヌ県知事オスマンによるパリ大改造に代表される近代都市構築の歴史は、旧来の城壁に囲まれたヨーロッパ流の都市を「メトロポリス」に変貌させる営為の連続であった。それが各時代時代の「ブームタウン」を生むきっかけとなった。19世紀には、円形広場と放射状の街路を構築したパリ、防御土塁を撤去して環状道路を建設したウィーンが、近代都市計画を実践体現する「ブームタウン」となり、ロンドン、ベルリン、バルセロナなどが後を追った。

19世紀末にシカゴとニューヨークの摩天楼競争が始まると、「ブームタウン」の舞台はアメリカに移り、経済激動の1930年代には、アール・デコを身に纏う高層建築が妍を競った。関東大震災後の東京、第二次世界大戦前夜の上海が、アジアの「ブームタウン」として名乗りをあげたのもその時期だった。

20世紀半ばに2回目の世界戦争が終わると、アメリカの一国支配とモダニズムの狭量な都市・建築観とが相まって、理想的な都市基準とされてきたヨーロッパへの関心を薄れさせた。機能と合理の二つのイズムを奉じる教条主義的な都市計画が、世界中に不毛の新都市を出現させた。新たな価値観に基づく「ブームタウン」の出現は、近代建築の美学の貧困を告発するポスト・モダンが市民権を得る1980年代まで待たざるを得なかった。

1980年代前半、アメリカ中西部のヒューストンやダラスが、いわゆるポスト・モダン・デコと呼ばれる華麗な超高層建築群で賑わった。レーガン政権の自由放任の経済政策がそれを支えた。英国では、サッチャー政権による公的資産の民間への売却と規制緩和、民間活力の導入が、ロンドンを都市再構成の熱気に包んだ。それらと歩調を合わせた中曾根政権の経済政策によって、東京は土地バブルで沸き立った。いずれも金融市場の国際化を踏まえての、都市を題材にした好況の演出だった。建築の表現としては、ポスト・モダンの華麗な過去回帰のデザインが、バブル経済がもたらした「ブームタウン」に彩りを添えた。だがバブルは程なく弾け、祭りが去った後の虚無感と徒労感が、デジタル環境の拡大とともに、現実の都市への忌避感として浸透した。日本でいう「失われた10年」に相当する時期の話である。

過度の熱狂と冷却を横目に新たな「ブームタウン像」を提示したのは「ミッテランのパリ」であり、「ラスベガス」だった。

1981年にフランス大統領に就任したミッテランは、ルーブル美術館のピラミッドをはじめ国家レベルでの文化施設整備によって「パリの文化発信・影響力」の復活を企てた。米英文化に席巻された第二次世界大戦後の世界の文化的な構図に、都市パリを新装することで立ち向かった。思えば、それは産業革命に始まる国家経済優位の近代都市構築の発想に対して、文化という剣を手に立ち向かった画期的なパラダイムシフトだった。

同時期のヨーロッパでも、東西ドイツ統一を追い風にしたはずのベルリンの「ポツダム広場」の都市改造は、土地バブル待望の旧来の発想を抜け出せず、ベルリンを「ブームタウン」に押し上げるまでの成果をもたらさなかった。

その点、経済原則とは異なる発想で、文化施設周遊という知的都市観光を意図した「ミッテランのパリ」の発想転換は、「ブームタウン」の選択肢を増やした。かつて19世紀には国際博覧会という国家的都市催事が、「ブームタウン」に海外からの観光客を集めた。その催事を恒久施設の美術館などに置き換えた点でも「ミッテ

ランのパリ」は、第二次世界大戦後のモダニズムの都市計画・都市経営を終焉させる秀逸な企てだった。

そのミッテランのパリが標榜した「知的都市観光」というスローガンの「知的」という冠を「大衆的興味」に置き換えたのが、20世紀最後のブームタウンである「ラスベガス」だった。「ポピュリスト・アーキテクチャー」という新造語が１９９０年代後半のアメリカの現代建築の領域で使われたことがあった。「大衆迎合の建築」の意であり、ラスベガスに林立したエジプトのピラミッドやスフィンクス、パリのエッフェル塔、ニューヨークの自由の女神、ベネチアのサンマルコの塔などを象った巨大なテーマ・ホテルの建築が代表格とされた。

ラスベガスへの観光客は、パリのスノビッシュな芸術愛好や歴史遺物を尊重する知性とは対極の「ことさらに偽物であることを強調した、拵えものの歴史的なシンボル」を巡り歩いた。その気さえあれば、多くのひとが世界中のどこにでも観光目的でひと飛びできる時代の到来が、この非知的＝大衆迎合の「ブームタウン」を後押しした。本物を訪問できないことの代償行為ではなく、都市的スケールの「諧謔」を理解しての観光が人気を呼んだ。発達したインターネットを駆使するホテル予約のオンラインシステムが、宿泊費の価格破壊を実現し、この「ポピュリスト・ブームタウン」を下支えしたことも忘れてはなるまい。

新世紀のブームタウン

そして、「21世紀のブームタウン」、ドバイである。

ドバイの沸騰都市としての繁栄は、１９８５年に始まった。経済特区「ジュベル・アリ・フリーゾーン」が設置され、「エミレーツ航空」もこの年に創設された。進出企業に恩恵を与える経済特区の創設は、歴史的に実績のある物資中継地としてのドバイの利点を現代に存分に生かし、ドバイを脱石油でひとり立ち出来る国家に変貌させた。その後、さまざまな特区が幅広い領域をカバーするべく増設された。一方、「エミレーツ航空」は拡大経営によって、路線と保有機数を飛躍的に増大させ、空港は世界有数のハブ空港として中東での乗り継ぎ客を相当数確保するに至った。

そうした成功を踏まえて、ドバイは海洋リゾートの国際的なセールスに乗り出した。帆船のイメージを象ったホテル「ブルジュ・アル・アラブ」は、七つ星をうたい文句に、世界中から富裕層を集めた。次いで椰子の樹影を思わせる形状の人工島「パーム・ジュメイラ」が建設された。その人工島には、ラスベガス顔負けのバハマのリゾートホテル「アトランティス」が、外観もほぼそのまま、同じ観光企業が大成功を収めたカリブ海から勧請された。

そのような物流と観光の二つの強固な基盤のうえに「ブルジュ・カリファ」に代表される摩天楼群の建設が始まり、今日では２００を超える「高さ１００メートル超」の高層ビルが主要な街区に林立するに至った。天を突くかのような摩天楼がその数を急速に増していく光景は、「失われた10年」や「20年」に苦しんだわたしたちに羨望を抱かせる。「高さ」も「増殖の速度」もこれまで見たことのなかった「域」に達する破竹の勢いなのを目の当たりにすると、ドバイこそがラスベガスの跡を襲う「21世紀のブームタウン」と誰もが得心するだろう。

ラスベガス流の都市装置も取り揃えた。「ドバイ・ファウンテン」の噴水ショーは、ラスベガスを20世紀末に、賭博の都市から誰もが楽しめる砂漠のリゾートに変身させた立役者、起業家スティーブ・ウィンが高級ホテル「ベラージオ」の巨大な人工池で成功させたアイテムだった。モールの達人と呼ばれる建築家ジョン・ジャーディの鉄骨の天蓋をスクリーンに、動画が大音響とともに走る「フリーモント・ストリート・エクスペリエンス」は、ラスベガスの疲弊したオールド・ダウンタウンを再生する画期的な都市パフォーマンスだったが、「ブルジュ・

カリファ」の花火ショーはそれを何十倍ものスケールでより本格的な都市パフォーマンスに拡大成功させた。

一方、「ミッテランのパリ」にあるものはドバイでは皆無に近い。公共的な文化施設の影は薄く、少なくとも超高層ビル群、商業施設のスケールに見合うだけの文化性は存在しない。歴史的な街区は懐古的な観光の対象にはなっているが、それを現代に取り込む次元にはまだ達していない。

その代わり、ラスベガスにも「ミッテランのパリ」にもないもの、それが「摩天楼群」である。

そして、その超高層ビルの相当数がオフィス用途ではなく、投資目的の資金を世界から募る「住宅用途」で建設されていることにも目を向けねばなるまい。さらに砂漠に満々と水をたたえる人工池の周囲には、投資対象の低層の邸宅群が建設されている。それらは、極論するなら、住むための機能より、転売、つまり購入時より高値で売り抜くことを期待されている。これまでの「ブームタウン」にも投機的な要素はつきまとったが、そこに時代の先端をいく産業や業務機能があればこそ、19～20世紀のブームタウンは成立していた。だが、ドバイでは投機的投資を最優先する摩天楼が過半を占めている。超高層ビルも、ビバリーヒルズにありそうな邸宅も、金融という「養分をとれるチューブ」にぶらさがっていると見なせるのである。

ＣＴＢＵＨの超高層ビルのデータベースによると、ドバイにおける「住宅専用」の摩天楼の比率は、「１００メートル超」で優に半数以上（２０５本中の１１１本）に達している。さらに「オフィスと住宅の併設」が20本、「ホテルと住宅の併設」も６本ある。一方、「オフィス専用」は46本にしか過ぎない。そのようにドバイの超高層ビルの過半が投資目的の分譲住宅のため、ロビーに投資家の気を引く黄金趣味の飾りを配するぐらいしか、インテリア空間では工夫選択の余地はなく、勢い、デザインの切磋琢磨は、外装の表層的なイコノグラフィーの次元に限定されてしまい、大胆な空間的冒険を試みることは難しい。それらの新しい超高層集合住宅は、インターネットで物件名を検索すると、確実に掲載ウェブが出てくるが、その中心は、物件紹介を兼ねた「投資アドバイス」のサイトだ。それらのサイトには間取りが掲載され、どういう点で「買い」なのかが要約して示されている。超高層建築としての概要そのものを知りたいわたしのような人間は愕然とし、ドバイの超高層ビルの「本当の顔」を思い知らされることになるのである。

この「超高層住宅」は、売り買いされるという点では「商品」に違いないが、19世紀ベル・エポックのパリなどの近代都市や20世紀都市を語るときに使う「消費」という概念からはみ出てしまっている。実態を確かめるのは難しく軽々に語れないが、ドバイの超高層住宅は「売り買いされても、住民の人影はまばら」という「負の都市伝説」が付きまとう。百貨店やパサージュ、マルシェといった19世紀の空間に商品があふれ、ヴァルター・ベンヤミン流にいうなら、ショーウィンドウからそれらの商品が物欲をそそるのが「消費」であって、使わずに売り抜くための物件は、たとえ売り買いされていても、本来の「消費」から遠いところにいる。

モノを買ってもらうために、隣に山積みされたライバルと「差別化」する目的で、工業製品に装いを凝らすのが「デザイン」であるなら、「投資助言サイト」に建築としての美や表現の言及がないドバイの超高層集合住宅群は、都市居住のための建築がどうあるべきか、それらが都市にどう貢献すべきかという論点以前に、創造という観点では、はなからこぼれ落ちてしまっている。それが林立する「21世紀のニュータウン」に向ける目が、素直に盛況の勢いを受容しがたい状況を招来してしまうのである。

衒学、大衆迎合、アセット・マネージメント

　そうした「投資対象としてのドバイ」は、19世紀の産業革命に根ざした国家経済とも、20世紀後半の知的＝非知的の二つの顔を持つ観光振興とも異なる価値尺度を「ブームタウン」として帯びている。そして、それはそのまま都市を構成する建築のありかたに対して、陰に陽に大きな影を落としていく。

　「ミッテランのパリ」では、大統領自らが世界に建築表現の才能を求めた。1980年代に入ったばかりのフランスは、絶対的な存在の現代建築家を欠いていた。老獪で文化的識見を自負するミッテランは、フランスお家芸の中華思想を捨てて、ルーブル美術館は中国系アメリカ人ヨー・ミン・ペイに、オルセー美術館はイタリアのガエ・アウレンティに委ねるなど、国際

的人材を柔軟に起用して、パリを「文化至上の都市」に再生させた。自国フランス人では、当時若手だったジャン・ヌーベルが「アラブ世界研究所」の設計を委ねられ、彼はそこを起点に世界の最先端に飛び出して行った。知的な観光に、来訪者を納得させるだけの、現代建築としての「質」が求められることをミッテランは熟知していた。見事な政治と文化のアンサンブルが、パリを世界の文化的中心に押し戻し、21世紀にさらに顕著になった圧倒的な観光の隆盛に結びつけた。公共主導、脱経済優先に基づく「ブームタウン」の成功だった。

ラスベガスは、正反対の道をたどった。ホテル「ルクソール」のピラミッドやスフィンクス、「パリス、ラスベガス」のエッフェル塔などの明け透けなコピーにあたって、個性を主張する建築家は迷惑な存在であり、大衆迎合の図像を可能な限りローコストで実現する実務的な設計者で事足りた。「見たこともない革新的な建築」

ではなく「見たことがある拵えもの」が求められたからだ。

ミッテランは、建築固有の衒学的な妖しい魅力を知っていた。それに惹かれて、まず世界から文化的見識を自負するひとびとがパリに集い、その憧れのパリに大衆が殺到することを予見していた。一方、ラスベガスのホテルを企画したプロデューサーたちには衒学は七面倒くさく、分かりよい既視感で直接大衆にアピールするほうが効果的だと判断した。いずれもが効果をあげたわけだから、この両極端の発想の勝敗は引き分けだろう。

さて、それらの20世紀の「ブームタウン」のありかたを踏まえて、21世紀のドバイはどう位置づけられるべきなのであろうか。

建築の表現という視点で見たとき、「ブルジュ・カリファ」の圧倒的な象徴性と、他の摩天楼群には明らかに乖離がある。高さ順ではドバイの超高層群で１６０番目ぐらいでしかない「Ｏ－14」（設計・ライザー＋ウメモト）が、必ずといってよいほど建築の専門書に取り上げられるのは、それだけ専門家の目を引くレベルのデザイン志向の建築を欠いていることの証だろう。

投資対象としてのドバイの建築は、住宅の場合、富裕層が出資者になる。一泊数十ドルで宿泊する観光客相手のラスベガスとは明らかに対象とする社会階層が違うが、だからといって、自らの知的資質の向上を期してミッテランのパリにやって来た文化人や知識人と重なるわけでもない。もっとも、ドバイが狙う出資者が文化的見識を持ち合わせていないというわけではない。しかし、投資を目的とするからには、彼らは決して、自らの「文化的嗜好」を優先して投資対象を選ぶことはしない。価値基準は何より「転売可能」であり、投資資金を回収するには「売れなければ話にならない」からである。自分がたとえ「文化的な目利き」を自負していても、次の購入者を排除してしまうようなデザイ

ン哲学を体現した「難解な建築」を選ぶことはあり得ない。

それがドバイにおいて「いかにも投資物件らしい」と思わせる建築を揃い踏みさせる大きな要因となっている。

不動産物件として際立たせるためには、ある程度の「象徴性」が求められる。その結果、避雷針状の尖塔を抱く1930年代のアール・デコの摩天楼を簡略化した「ポスト・モダン・デコ」の仕立てがほうぼうに出現する。機能主義一辺倒の建築の洗練や多少の別解を意図した「1950～60年代調フォルマリズム」もよく見かける。いずれにせよ、それらは先端を目指す創造性を欠いている。

ドバイが建築生産における量と建設速度の両面で、それまでの「ブームタウン」を遥かに凌駕する都市造りを実現しながら、世界の評者の多くが肯定的な評価に二の足を踏む事情は、そのような創造性の欠落に起因している。知的衒学でもなければ、それを嘲笑するほど大衆わかりに踏み込むのでもない、建築表現への挑戦という点で、煮え切らない印象がどうしても拭えない。

何年か前、シーザー・ペリ事務所の社長だったフレッド・クラークと東京でのシンポジウムに同席したとき、彼のパワーポイントの出だしのスライドに「建築家はアセット・マネージャー（資産管理者）」という言葉が記されていたのを見た。自分たちに設計を委ねれば、テナントが殺到し、さらに店舗に客が列をつくる資産価値のあがる空間を生み出して見せます、というプレゼンテーションだった。是非はともかく、グローバルなデザイン・ビジネスの世界の厳しい現実を見た思いがした。

それでも、米国のトップクラスの設計事務所だけに、そこにはまだ自らの設計の力量をたのむ建築家の「主体性」が残っていた。建築家がアセット・マネージャーの仕事を横取りするというのだから。だが、ラスベガス以降、「ブームタウン」の現実は、街を構成する建築の設計者リストを眺めても、主体的な設計者を見つけ出すのが難しくなる一方だ。建築家がアセット・マネージャーになるのではなく、「ブームタウン」としてのラスベガスや今日の東京では、アセット・マネージャーが建築のあり方を決定してしまう。もちろん「資産管理」がそのまま投資に直結するという点で、ドバイもそこから逃れ得ない。「売り手」と「買い手」の双方が、転売益に過剰に神経を尖らせるドバイでは、「建築の表現の先駆性」はアセット・マネージャーにとって、それほど重視すべき要目ではなくなってしまった。それが建築家による安易な外観の選択を定着させ、薄っぺらな都市景観を増殖させてしまっている。

バビロンから1300キロ、バベルの塔から3000年

そうではあっても、国際的な余剰マネーの流入先として、ドバイに摩天楼群が出現し、そのことが建築生産の観点で活況を招いたことは、ひとまず肯定的に受け止めたい。ドバイの超高層建築がそうした21世紀の経済状況の産物であり、象徴であることも認めざるを得まい。しかし、現状追認で前向きに評価しても、養分をたっぷり含んだニューヨークの土壌に開花したアール・デコと並べて論じることは難しい。砂漠を控えたドバイの立地の土壌に、ニューヨークに匹敵する養分はありえない。そのニューヨークは、アール・デコの摩天楼が勢ぞろいすることで土壌は一段と肥沃になった。この好循環は、時代の先端をいく摩天楼の出現が、ニューヨー

クを都市間競争の勝者として確定させたことによる、足下の都市へのトリクルダウン効果、つまり、好況のおすそ分けといってもよいだろう。

この点でドバイはどうなのだろう。世界最高層の「ブルジュ・カリファ」と周辺の「ダウンタウン・ドバイ」の盛況を目の当たりにすると、確かにトリクルダウンの効果は存在する。世界最高層を手にしたがゆえの、都市全体へのトリクルダウンも大きそうだ。しかし、転売前提の投資対象の集合住宅の摩天楼は、最高層から滴りおちる好況のおこぼれにはあずかれても、自らが周囲を潤して土壌を肥えさせることによって、さらなる摩天楼の増殖を加速するまでは期待できない。いやそれどころか、急ぎに急いだがために、競合物件に目をくれる暇もなく、手当たり次第に手植えしたかのような現在の摩天楼の養分をまかなうだけの土地の力がどこまであるかに疑問符がつく。取得〜値上がり〜転売という無限の輪廻をあてこむ世界からの余剰マネー流入が、未来永劫にわたって続く保証もない。その意味では、明るい明日がドバイの現在の都市戦略の先に待っているかとなると心もとない。２０１４年になって隆起した「イスラム国」の問題が、さらに深刻な影を、中東、そしてドバイの今後に落としそうだ。

一世紀近い前のニューヨークに立ち返ろう。超高層ビルの急ピッチの建設を毎日見ていたニューヨーカーの心には、それらが神をも恐れぬ「バベルの塔」ではないかという危惧がくすぶっていた。

１９２０年3月7日のニューヨーク・タイムズ紙に「バベルの塔」と題された無署名の一文が掲載されている。内容を要約すると次のようなものだ。

「超高層ビル建設に際して遵守すべきルールであるゾーニング法（１９１６年）が決定され、ニューヨークには、上階に進むに連れセットバックする摩天楼が出現しつつある。ゾーニング法は、光と新鮮な空気を市民の健康のために確保してくれる。そして、ニューヨーカーたちは、そうした新しいタイプの摩天楼が、古代バビロンのジグラットや寺院を模写していることに気づき驚いているのだ」

見出しは、刺激的な「バベルの塔」となっているが、記事の本文では、旧約聖書に記された「バベルの塔」の原形のひとつとされる「ジグラット」に言及している。そして、「この様式は、ゴシックやロマネスク、ルネサンスをなぞった建物が並ぶがゆえに建築博物館となっているニューヨークにもうひとつの様式を加えるだけではない」として、「ニューヨークは、ジグラットの都市になるだろう」と予言している。

「ジグラット」の起源は前30世紀にまで遡るとされる。イラク南東部のウルで発掘された巨大なジグラットの研究復元図によると、60メートル×45メートルの基壇のうえに3層のセットバックした神殿が載る。神殿の形態は、一般に「バベルの塔」の形態として知られるブリューゲル父の絵にあるような螺旋ではなく四角い箱型となっている。この「ジグラット」の形状は、「バベルの塔」が建てられた古代バビロンにあったとされる「世界の七不思議」のひとつ「空中庭園」に通じている。「バビロンの空中庭園」は、英語の呼称「ハンギング・ガーデン」が示すように、建物の中途階の屋上テラスの集合体であり、「ジグラット」のセットバックはテラスそのものだからである。

セットバックした超高層の中途階テラスを日光浴などに活用する流行を、「空中庭園」に見立てて、１９２０年代には「ニューヨーク＝バビロン論」が流布した。

中世以降の「空中庭園」を描いた絵画の背景には、螺旋状の「バベルの塔」の遠景が配されることがある。バビロンとは、欲望渦巻く退廃の都市であり、そこに神威に挑む「バベルの塔」が着工されたが、神の怒りをかって、「塔」は建設中止に追い込まれたと旧約聖書にある。

その旧約聖書の記憶が、ニューヨーカーにセットバックした摩天楼自体が「バベルの塔」ではないかとの思いを抱かせた。すなわち、天を突くような高塔を競い合って建設するニューヨークが、いつか神の怒りに触れて「審判の日」を迎えるのではとの不安感が付きまとった。ニューヨーク・タイムズの記事の筆者は「ジクラット」に触れながらも、紙面掲載の体裁では「バベルの塔」というニューヨーカーの気を引く表題がつけられたのは、そうした市民心理の反映と受け止めたい。

そのニューヨークを、近未来SF映画の金字塔とされる「メトロポリス」（1927年）で知られるドイツの映画監督フリッツ・ラングは1924年に訪れている。ラングはもともとは建築家志望で、ドイツ表現派の建築家として知られるメンデルゾーンのためにニューヨークの摩天楼の写真を持ち帰ったとされる。そして、自身は、資本の横暴による労働者圧殺をストーリーの骨格とする「メトロポリス」を監督した。この映画では、地上を摩天楼が林立する支配階級の都市、地下を工場と劣悪な住宅が密集する労働者の街区とした。地上の超高層都市の姿は、ニューヨークでのリサーチがもたらしたインスピレーションに基づいていた。邪悪な資本家の手になる摩天楼は、いつか審判を受ける「バベルの塔」として描かれ、劇中でもビルはそう命名されていたのである。

ニューヨーカーの不安が的中したのは、1929年の「世界大恐慌」か、2001年の「同時多発テロ」か、2008年の「リーマン・ショック」か。いずれも、ラングの描いた地上都市の支配者たちの暴走が引き金となった。

わたしたちは同時多発テロで「ワールド・トレンド・センター」が倒壊し、「盛者必衰の理」そのままに瓦礫になるのを、TVの同時中継画像で網膜に焼き付けた。そんな超高層ビルを巡る「負のトラウマ」が、「ブルジュ・カリファ」を眺める視線を曇らせてしまうのである。

少しは明るい見方もしたい。「バベルの塔」は、神をも恐れぬ行為がもたらす神罰を連想させる一方で、失われたよき時代を偲ぶ「正の側面」も併せ持っている。神の怒りが、それまで共通の言葉をしゃべっていた人類の言語をばらばらにして、二度と力を合わせて天に届くような建造物をつくらせないようしたという「旧約聖書」の記述を逆手にとって、「バベルの塔」こそ、人類が一体だった時代の象徴との見立てである。

ＥＵ統合の際にはブリューゲル風の「バベルの塔」建設の図柄をあしらったポスターがつくられた。仏ストラスブールに１９９８年に完成した「欧州議会」の建築（設計＝アルシテクチュール・ステューディオ）は、建築本体を螺旋状に仕立て、「バベルの塔」を強く連想させる寓意の意匠をとった。そこでは「バベルの塔」は言語は多様であるにしても、通貨統合を核とする「ヨーロッパ統一」の象徴とされたのである。

日本にも縁の深い芸術家フリーデンスライヒ・フンデルトヴァッサーは、ドイツ・ダルムシュタットの中層の集合住宅「螺旋の森」（２０００年）を、ブリューゲル張りの「バベルの塔」の構成で仕立てた。もちろん知的遊戯であり、それこそ衒学的な色彩が濃い選択だが、それもまた腐敗や破滅の表現ではなく、そこに、

力を合わせた文明の建設という人類の営為の根源を「バベルの塔」に求める、いかにも彼らしい楽天的な視線を感じるのは、わたしだけではあるまい。

ドバイの立地は、バビロンから東南に約1300キロ。近いといえば近い。少なくともニューヨークよりはずっと近い。「ブルジュ・カリファ」は「バベルの塔」から数えること実に2千数百年ぶりの、中東の地への「世界最高層」の帰還だった。ニューヨークに集中する国際金融資本と深く関わり合いながら、ドバイは摩天楼の数を増してきた。現代の「バベルの塔」が示唆する未来とはどんなところなのか。吉凶の帰趨は定かではない。

第2章

ブルジュ・カリファ

——極限の「図」を求めて

とにかく天を突く

高さ828メートル、圧倒的な世界一の超高層ビルが、中東ドバイの地に出現した。完成は2010年、日本円で1万円近い展望デッキへの入場料を払うのに、登楼は数日待ちの人気ぶりだった。それまでの高さ世界一を誇った台北の「タイペイ101」（設計・李祖原、2004年）が508メートルだったから、一気に300メートル余りも水をあけた。300メートルは、パリの「エッフェル塔」の高さに相当する。いかに異次元なのかが納得できるだろう。

「ブルジュ・カリファ」の最高部の高さは正確には829・8メートル。とんがった頂部を除く建築躯体は828メートル、オキュパイド・スペースと呼ばれる内部でひとが執務などの活動が可能な「用途利用最高部」だと

584・5メートルになる。「展望デッキ」は555・7メートルに位置している。総階数は「163階（地下1階）」である。
830メートル近くもあるのに、内部で活動できるのは7割ほどの高さまで。展望デッキは、もう少し低いところになる。この「実態」は「ブルジュ・カリファ」が、いかにひたすらに「圧倒的な世界一」を意識して、計画・実現されたかを物語る。本来、超高層ビルは、敷地の高度利用、つまり、狭い敷地にどれほど多くの建築空間を積み上げるかを課題に発展してきた。しかし、広大な砂漠のありあまる敷地に築かれた21世紀の「アラブの塔」が目指したのは、歴史上のあらゆる構造物を置き去りにして、ひとり「天を突く」姿を世界に向けて誇示することだった。

アラブが世界一

ドバイがこの「塔」に世界一を託したのは、自国の富を支える石油資源がいつかは枯渇する事情を踏まえて「脱石油依存」を目指したことに始まる。ドバイは、国際的な不動産投資の活性化と観光、さらに物流拠点の構築で21世紀を生き抜くことを選択したのである。そのためには、「世界の目を引く」必要があった。21世紀を迎え、社会の仕組みがデジタルネットワークの整備による極限の効率化、コストカットに向かうなかで、20世紀まで文明の主役であった都市と建築は「やっかい者」になりつつある。その意味ではアナログの極みである建築を使った、一連の「ドバイのプロパガンダ戦略」は、新時代の常識へのドン・キホーテ流の突撃に見えなくもない。

不動産という概念語が示すように、建築は、一度、建設すると「千年王国」の担い手となる宿命を背負わされてきた。だが、デジタル化の浸透は、価値観を急変させ、建ってしまうと身動きならない建築は、なかば邪魔者扱いされるようになった。しかし、「超高層」だけは、大陸間の経済競争のなかで、ブームタウンのシンボルとしての存在価値を再認識され、1990年代後半からむしろ、その建設は異様な活況を呈してきた。

その不思議な現象は、アメリカ経済の世界支配終焉によって引き起こされた。最初に、アメリカ経済の弱体化を超高層ビルによって世界に認知させようとしたのは、マレーシアのマハティール首相だった。1990年代なかば、マハティールは、首都クアラルンプールに、「世界一の超高層」の設計を企てた。その設計者にアメリカの建築家シーザー・ペリを選んだのは、まるでアメリカを挑発するかのような行為だった。ペリは「世界一であること」と「イスラムのデザイン」の実現を条件に設計依頼をもちかけられ、否応なく、従わざるを得なかったとされる。ルック・イーストを掲げ、アメリカ経済の世界支配に抗してきたマハティールの「積年の思い」が、アジア経済の隆盛を追い風にこの超高層に結実した。

ミナレットを連想させる尖塔を頂部に抱き、トウモロコシを思わせる独特の形状のリングが重なる「ペトロナスタワー」(1998年)は、こうして生まれた。アメリカは、自国の最高格の建築家がそこに加担する屈辱も味わった。これを境に超高層の世界一を目指す競争は、アメリカを離れ、アジアが主舞台となった。「タイペイ101」は、その流れの到達点であり、「石塔」をイメージした量感豊かなシルエットは、中国の歴史遺産を連想させ、外観でも「アメリカ離れ」を演出した。そして、舞台はアジアからアラブ世界へと移動し、「ブルジュ・カリファ」が圧倒的な世界一を獲得したのである。

８００メートル超の匕首《あいくち》

「ブルジュ・カリファ」の設計を担ったのは、長く世界最大の設計事務所と称されたアメリカの「スキッドモア・オーイングス・アンド・メリル（ＳＯＭ）」である。「ＳＯＭ」が設計したシカゴの「シアーズタワー」（１９７４年、高さ４４２メートル、現・ウィリスタワー）は、当時、世界一の座にあったニューヨークの「ワールド・トレード・センター」（１９７２年、設計ミノル・ヤマサキ、高さ４１７メートル）を抜いて、シカゴを「超高層世界一の都市」に復帰させた。ちなみにクアラルンプールの「ペトロナスタワー」が抜いたのは、この「シアーズタワー」である。

いわば「世界一超高層」をおはことする、そのＳＯＭにおいて、「ブルジュ・カリファ」を担当したのはエイドリアン・スミスだ。

1944年シカゴ生まれ、イリノイ大を出てSOMに入った。そして、2006年まで在籍したあと独立し、現在は、個人事務所を構える。上海で森ビルが手がけた「ジン・マオ・タワー」(1999年)も設計した超高層ビルのエキスパートであり、サウジ・アラビアが「世界一」を狙って実現を急ぐ高さ1000メートルを超える「キングダム・タワー」設計の中心人物でもある。

シカゴという地のつながりで、「ブルジュ・カリファ」が連想させるのは、フランク・ロイド・ライトの「マイル・タワー」だろう。マイル、すなわち高さ1600メートルを想定した空想的な超高層案は、1956年に構想された。ライトの「マイル・タワー」の段状になったシルエットと、「ブルジュ・カリファ」の頂部に進むに連れて螺旋状にセットバックしていく形態と異なってはいるものの、全体のシルエットは、プロポーションからして、シカゴの代名詞とでもいうべき巨匠の空想案を意識したのではと思わせる。ライトが残した「マイル・タワー」の図は、茶色味を帯びたペーパーに水彩風の淡い着彩が施されていることもあり、圧倒的にメタリックな「ブルジュ・カリファ」のテクスチャーと印象は異なる。もっとも、グッゲンハイム美術館(ライトはこれを「わたしのパンテオン」と呼んだ)の依頼で、ハーバード大学の研究室が制作したCGを見ると、ライトの「マイル・タワー(イリノイ)」もガラスの外装で、実現すればメタリックな出で立ちとなったのかも知れない。

ともあれ、「ありえなかった高さ」を「現実」とするにあたって、スミスが進めたスタディーの結果、21世紀の現実である「ブルジュ・カリファ」は、ライトの「想像の産物」に限りなく接近した。その姿は、あのアドルフ・ロースが20世紀の様式決定戦といわれた「シカゴ・トリビューン新聞社コンペ」(1922年)で妄想したドリス式の円柱をそのまま躯体とする鈍重な形態とは天地ほど違いのある繊細さを実現し、アメリカン・アーキテクトの神様ライトの域に到達したとさえ思わせる。

この建物を眺めるひとの多くはその姿に「アイス・ピック」を連想する。アラビア湾に面した港町とはいえ、背後が砂漠なのはアラブ諸国の常で、「ブルジュ・カリファ」の遠景は、砂漠から吹き上げられた砂塵越しに眺めることになる。砂のスクリーンの向こうで、強い太陽光を受けて輝く「ブルジュ・カリファ」は、21世紀の主役を担おうとするアラブ世界が、自らを認めよと先進各国に挑発的につきつけた、まさに「匕首《あいくち》」なのだ。

その刃渡り８００メートル超の「匕首」を帯びているのは、ドバイという都市であり、アラブ首長国連邦（ＵＡＥ）の一角を担う国家なのだ。荒れ狂う国際金融経済のなかで国家の「護身刀」、いや、世界に打って出るには「武器とし

ての匕首」が必要だった。都市と国家、そして国民が脱石油依存で生きていかんがために圧倒的な世界一を目指した。その決意がこの「アラブのアイス・ピック」には託されていよう。

量的な側面のみを満たすために造られたかのような沈黙の意匠の「シアーズタワー」を置き去りして、意欲的で挑発的な装いをまとった「ブルジュ・カリファ」の出で立ちは、シカゴやニューヨークが演出した超高層の時代のスローガン「パックス・アメリカーナ」が、とうの昔に過去のものとなったことを物語る。SOM自身が、設計活動の活路と経営面での光明を見出すために、いわば母国を屈伏させる「アラブの世界一」に与せざるを得なくなった。アメリカの喉元に突きつける「匕首」を、アメリカを代表する設計事務所が手がけざるをえない皮肉な事態がアジアに始まり、ここドバイでも起きたのである。

自生植物の図像

エイドリアン・スミスが綴った設計趣旨を読むと、彼がいかに「アラブの文脈」を強く意識していたか、がわかる。彼は地上レベルから見た「塔」の姿を砂漠に自生する植物になぞらえている。

つまり、天高く伸びていくのは「蔓《つる》」であって、その「蔓」は、螺旋を描きながら上空に進むに連れて細くなっているのだと説明している。彼によると、ブルジュ・カリファにおいて、「蔓」は段階を経て、ついには一本の垂直線となり、それゆえ、地上から見た「塔」の姿は有機的であり、植物を思わせるというわけだ。

彼はまた「三つの蔓」と「三つの莢《さや》」という表現をしている。段状になって細まっていく「塔」の姿は莢を脱して蔓が伸びていく姿の援用とい

うわけである。植物をこの地での造形の出発点に置いたのは、ドームをいただくモスクの構成が花びらを開いた形に見えることに起因しているという。この見方に従うなら、「塔」は砂漠に息づく植物であり、それに加えてアラブの伝統的造形を反映しているということになる。

螺旋もまたアラブの造形の基本であり、先に触れた段状のシルエットも、伝統のかたちだと説明する。植物が有機的に成長して、最後は垂直の鍾乳石に結晶化したのが、「ブルジュ・カリファ」であるとの見立ては興味深い。

現実の「塔」の外装は、鉄とガラスで覆われている。それでも「塔」がスミスのいうようなどこかアラブの「隠し味」を秘めていると思わせるのは確かだ。その土地固有の造形を真摯に追い求め、そして理に適った構成によって、「世界一」を獲得した建築家の手腕の秀逸さは、認めざるを得まい。

足元のモレスク

地上から遠望する「ブルジュ・カリファ」は、いかにも細身で垂直性が強い。しかし、ドバイ観光のひとつの目玉であるヘリコプターによる空中散歩の際に、上空からこの「塔」を見下ろすと、地上からは想像もできなかった「紋様」を発見して、新たな関心が頭をもたげてくる。

「ブルジュ・カリファ」の足元に展開する、この塔を取り囲むランドスケープの印象的な形態がそれである。上空からだとフラットにしか見えないランドスケープは実はかなりの高さがあり、そこを縫うように昇降するスロープが、見事なアラブ紋様を援用しているからだ。スロープは左右対称を保ちながら美しい曲線を描き、交差することなく完結していく。

これはモスクの床などに見られるアラブ特有のモレスクの踏襲である。本来は、モザイクで構成されるモレスクに「ブルジュ・カリファ」のランドスケープが倣ったことは、ここにおいても、アメリカを離脱した21世紀の超高層が、「土地の文脈」を強く意識して構成されていることを裏書きしている。ランドスケープにおい

ても、アメリカの建築家は、アラブの支配層、資本家を満足させるために、土着の造形に手を染めたわけだ。

中心に「ブルジュ・カリファ」の「Y字」があり、そこからスロープが立体的に伸びていくランドスケープの形状を、スミスは、ドバイに生息する、白い花をつける「ヒメノカリス」の形態になぞらえる。花びらに囲まれた芯の部分から6本の長い花弁が伸びる「ヒメノカリス」の優美な姿は、モレスクのタイルの紋様からシルエット部分を抜き出してきたかのようだ。

超高層が都市の象徴的なイコン（聖像）であるとの考え方は、1930年代の米国で定着した。だとするなら、アジアのイスラム圏であるマレーシアのクアラルンプールに出現した「ペトロナスタワー」においても、さらにドバイが産み落とした「ブルジュ・カリファ」も、アラブの「図像学」を目指したのは、必然の帰結と受け止められよう。

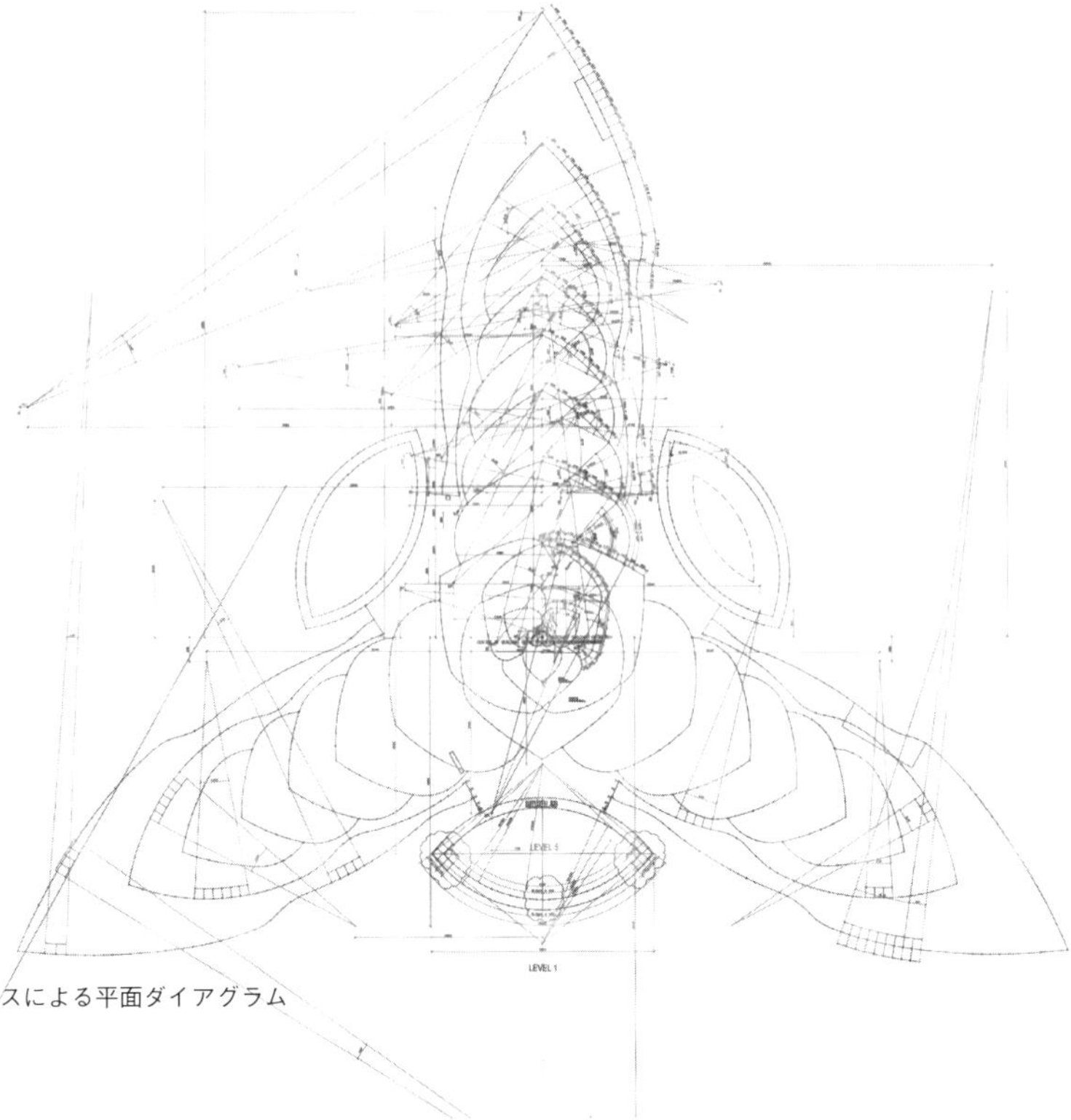

A.スミスによる平面ダイアグラム

ミースに還る

遠目には一本の垂直線に見える「ブルジュ・カリファ」が、上空からの視点では、三方に足を広げた形態であることがわかる。つまり、建築的に言うなら、平面（フロアプラン）は120度の角度で足が広がる「Y字」（スミスはそう記している）となっている。これは歴史的にみると、意外な先例に行き当たる。

ミース・ファン・デル・ローエによる「フリードリッヒ・シュトラーセの超高層ビル」（1921年）である。ミースは、いうまでもなく、ガラスと鉄の超高層ビルの生みの親であり、二つの世界大戦に挟まれた戦間期に、フォトモンタージュを駆使し、圧倒的な抽象美の超高層案を発表している。重厚なドイツ・バロックの建築が並ぶベルリンの目抜き通り、フリードリッヒ・シュトラーセの実写に、ミースは自身のガラスの超高層計画を重ねてみせた。この提案は第2次世界大戦後の超高層の開花を先取りしていた。そのミースの超高層案の平面図が、「ブルジュ・カリファ」のフロアプランと重なるのである。

地上からの眺めでは、ミースの構想案は、水晶柱のような形状を連想させるが、平面の全体形は「Y字」となっている。その「Y」を構成するそれぞれ三つの足は菱形で、雪の結晶を思わせる形態だが、「Y字」であることに変わりはない。「ブルジュ・カリファ」と90年前のいわば今日的な意味での超高層の先駆けとなったミースの案とは、原型を同じくするといってよい。超高層ビルが行き着いた現時点の終着駅と、ミースの出発駅が近似した形態にあるのは感慨深い。始点と終点が同じなら、そこに究極の超高層の祖型（アーキタイプ）があると見なしうるだろう。ミースがナチスを嫌って選んだ逃亡先が超高層都市の草分け、米シカゴであることも、歴史の奇縁を思わせる。

ところで「Y字」のフロアプランの実利的な効用は、すべての居室空間に自然採光と眺望が保証されるところにある。「ブルジュ・カリファ」も砂漠とアラビア湾への眺望がフロアのどこにいても堪能できることを強調している。このことは自然体の祖形の証となるだろう。小規模で比較するのに気が引けるが、わが国の第2次世界大戦後の中層のコンクリート公営住宅でしばしば採用された住宅公団の「スターハウス」も、同じく「Y字形」に収められている。それは居住者に対して公平に光と風と視界を約束する公共集合住宅ならではの「平等原則」の遵守であった。それもまた塔状の建築においては「Y字」が祖形なのだということを、極東の地において物語っている。

コンクリート彫刻

建設途上の「ブルジュ・カリファ」（当時は、「ブルジュ・ドバイ」と呼ばれていた）の写真がメディアで伝えられたとき、すべてがコンクリートで構築されているのに驚かされた。わが国における超高層の常識からすれば「鉄骨造」と「鉄筋コンクリート造」を組み合わせるのが一般的なだけに、あたかも天を突くようなコンクリート彫刻のいでたちは、８００メートルを超える高さも手伝い、異様さが衝撃的だった。

なぜ、コンクリートなのか。それは「風」のためだ。わが国には３００メートルそこそこの超高層が数えるほどしかないが、４００メートル超えが珍しくない世界の超高層では、「風荷重」への耐力の観点から、コンクリートが主たる構造になっている。つまり、８００メートルではコンクリートしか選択肢がなかった。

工事途中の「ブルジュ・カリファ」は、コンクリートの柱がびっしりと寄り集まって屹立していた。６００メートルの高さまでコンクリートをポンプ揚げして構築したのだから、建築関係者でなくとも「この世のもの」とは思えず、それがために「超現実のコンクリート彫刻」に見えて、異様な光景に思えたのは間違いない。そして、それはメガロマニア（誇大妄想）の妖しい魅惑にあふれていた。

スミスの設計趣旨を引くと「中心の六角形の

シャフト、すなわちコアから3つの枝が互いに120度の角度で展開している。これらの枝には9メートル間隔で柱に似た壁が取り付けられ(以下略)た。9メートル間隔の壁は、多種多様な用途に対応しなければならない今日のオフィス空間には対応できないことを示している。つまり、初めから屋内は「壁」で区切られてしまったために、融通無碍《むげ》なオープンスペースを確保し得なかったわけだ。ミースらが主唱したモダニズムの中心原理を担った「ユニバーサルスペース」は、アラブの象徴の実現のために放棄されたのである。

　では、壁で区切られた内部空間を前提にした構成が有効な施設とはなにか。個室が中心となるホテルであり、個室の集積としての集合住宅である。よって超高層ビル＝オフィスビルという常識は通用せず、もとより非常識な存在の「ブルジュ・カリファ」は、現実でも、ホテルと住宅を大量に抱えた「ありえない超高層ビル」になってしまった。

なんと高層マンション！

内部に構造壁が必要なために、オフィス中心ではなく、ホテルを含めて居住空間とならざるを得なかった「ブルジュ・カリファ」の各階の構成を見てみよう。

オキュパイド・スペース、つまり用途利用階は１６０階あり、そのうちオフィスが占めるのは１１１階から１５４階までのうち38階分だが、この部分は「塔」の形態が上階に行くほど細くなるから、面積比でみると全体の13％にしか過ぎない。これではやはりオフィスビルと呼ぶことは出来ない。

住宅は19階から１０８階までのうち80階分が一般的なタイプ、さらに9階から16階までをイタリアのファッションデザイナー、ジョルジョ・アルマーニがインテリアを仕立てた高級タイプで占めて、総戸数は９００戸を数える。その下に位置する1階から8階までが３０４室のホテルという構成だ。

住宅の面積比は80％に達し、ホテルは７％となっている。ホテルと先に述べたように高級タイプの住宅はアルマーニが内装を手がけた。展望デッキ（１４８階、１２４階）が２フロア、世界最高層をうたうレストラン（１２２階）が１フロア、オフィスのためのロビー（１２３階）も１フロア、居住者用のロビーが2フロアを占め、ほかに通信機器用に4フロア、機械関係に14フロアを充てている。

数字をもう少し並べると、エレベーター58台、

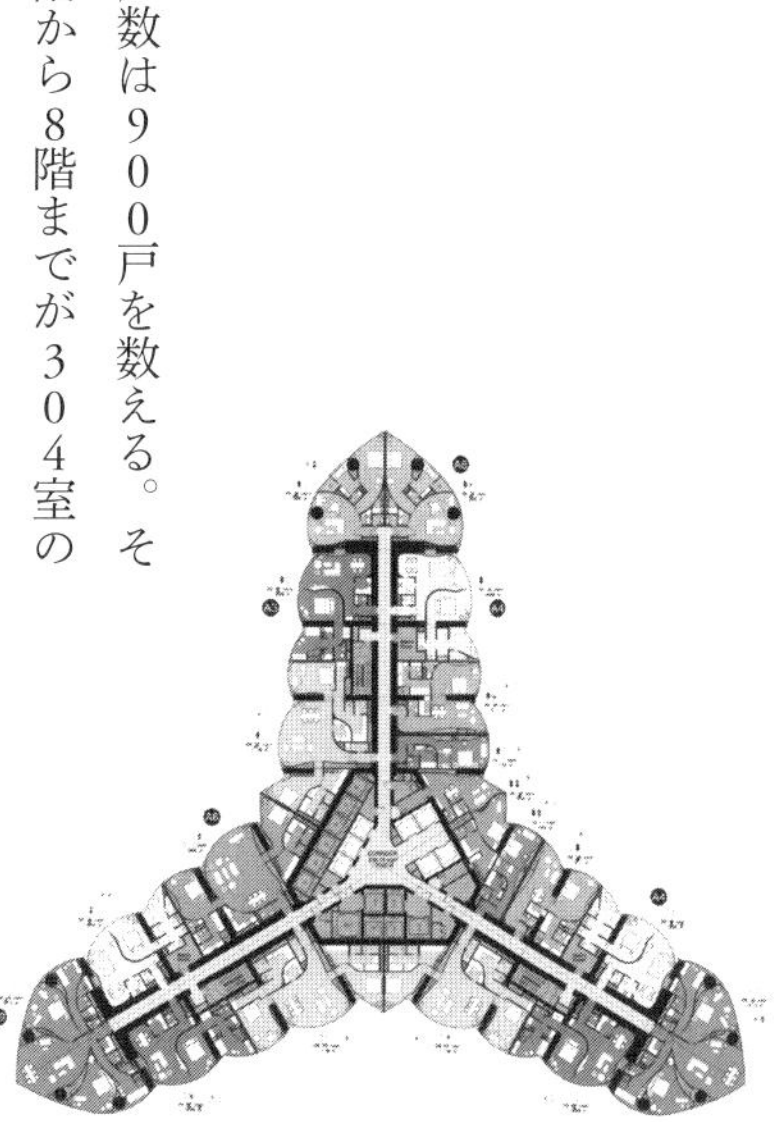

基準階平面

エスカレーター8台が昇降を司る。

さて次なる関心は、この「塔」にホテルはともかく、定住的な入居者がどれだけ存在するのか、ということになる。一説ではスタートした時点での入居率はせいぜい50%で、半分は「空き家」と噂された。

しかし、それは独立した「個体」としての建築の次元であって、この塔の周囲には豪壮な邸宅群が展開されている。投資のために世界のセレブがそれらを競って購入したという。そうした効果を達成できたのは、やはり、飛び抜けた「世界一の摩天楼」が傍らに存在したからだ。この「ブルジュ・カリファ」が聳える「ダウンタウン・ドバイ地区」は、摩天楼を実現したディベロッパー「エマール」の金城湯池とされる。「ブルジュ・カリファ」足元の「ドバイ・ファウンテン」は噴水ショーで賑わい、世界最大面積を誇る「ドバイ・モール」もひとを集めている。ライバルのディベロッパー「ナキール」の経営が一頓挫したのを横目に、エマールは、リーマン・ショックに続く2009年のドバイ・ショックから、都市全体を立ち直らせる原動力となっている。

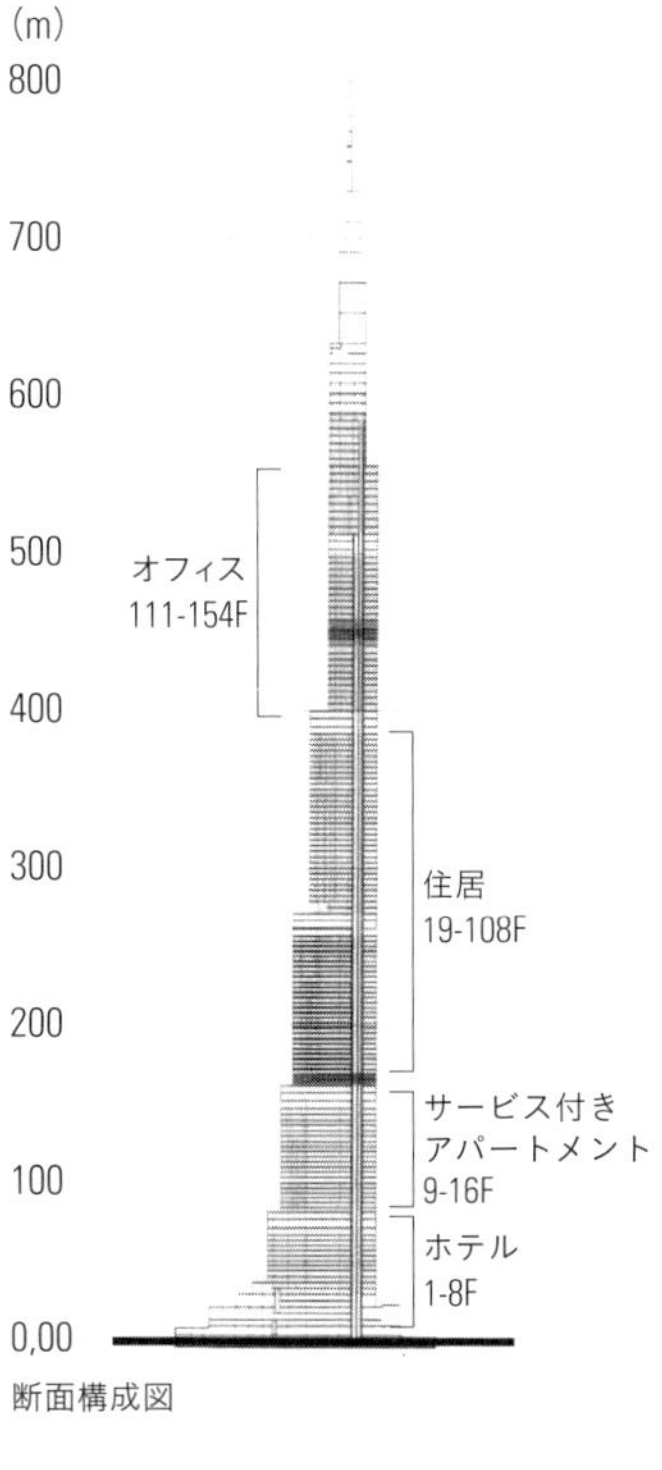

断面構成図

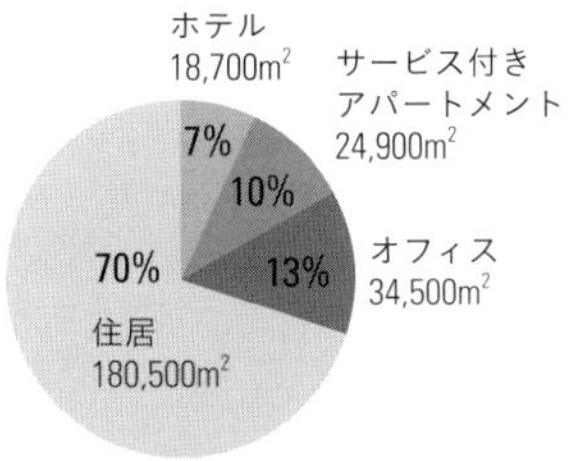

プロパガンダのトロフィー

世界のセレブを顧客にというのなら、環境負荷の軽減は今日、投資物件には必須の前提条件となる。それに向けて、「ブルジュ・カリファ」が喧伝しているのは「結露水」の回収である。熱射の気候のなか、全身がガラスで覆われた外装は、屋内の強力な冷房もあって、かなりの量の結露水を生じる。この結露水を回収して、「塔」を取り巻くランドスケープの灌漑に活用している。その水の総量は、想定では年間で６８００万立方メートルに達するそうだ。

それはそれで評価されるべきだが、傍目にはエコ対応の優先順位はそんなに高くはないように思える。外装は、不活性ガスを充填した高性能のＬｏｗ－ｅ複層ガラスで、これは定番そのものだが、手慣れた素材を使って、建物の外装

を「ステンレスの削りだし」に仕立てた手腕は特筆に値しよう。それによって完成時点で、竣工途上のコンクリート彫刻の印象も消え去った。青く光る鋭利な印象の外観が、砂漠の砂塵の向こうに、鈍い光を発して、あたりを睥睨するかのように聳え立っているのである。まさに世界で「一番」を誇示する「トロフィーとしての摩天楼」の出現である。

１９７０年代以降、超高層ビルでは綿密な構造解析や空気調整などをコンピューターが後押し、アトリウムの採用などの挑戦も続けられてきた。しかし、21世紀になって、経済の発展ぶりの象徴的な伝達しか、現在の超高層ビルへの期待が存在しない現実に、わたしたちは直面している。社会的な効用を認めつつも、ことに「ブルジュ・カリファ」の細分化された内部空間を目のあたりにすると、それでよかったのかとの思いもよぎる。

名乗りと経済

今や世界一の高さの超高層ビルとなった「ブルジュ・カリファ」は、知名度、認知度も頂点を極めつつある。だが、完成前夜まで「ブルジュ・ドバイ」という呼称だった。つまり、「ドバイ・タワー」という名前だったのが、完成時に「カリファ・タワー」と改名されてお目見えした。

カリファとはなにか。その答えはホテルのロビーに掲げられた肖像画、肖像写真にある。つまり人名なのだ。その人物は、カリファ・ビン・ザーイド・アル・ナヒヤーン。ドバイなど7つの首長国で構成する「アラブ首長国連邦」の大統領をつとめている。このザーイド大統領はドバイではなく、アラブ首長国連邦のなかで最大の面積を占める隣国アブダビの首長である。

「ドバイ・タワー」から「カリファ・タワー」へ、自国ではない首長の名を冠することになったのは、ドバイ・ショックと関係がある。

2008年9月、アメリカの投資銀行リーマン・ブラザースが、住宅貸し付けに伴うサブプライム・ローンの崩壊を受けて倒産に追い込まれる。アメリカの実態経済への不信感が、世界の金融機関への不安を拡大させ、その波は、急ピッチで高層都市を建設していたドバイにも押し寄せる。

リーマン・ショックの1年後、ドバイの開発を担ってきた政府系持ち株会社「ドバイ・ワールド」の財務状況が悪化、莫大な借入金の返済延期を要請したことから、ドバイ・ショックと呼ばれる経済危機が起こった。この「ドバイ・

ワールド」傘下で都市開発を担っていたディベロッパー「ナキール」は、開発のための資金調達に行き詰まり、融資の引き上げも相次ぎ、事実上経営が立ち行かなくなった。

このドバイの苦境を救ったのがザーイド大統領で、豊富なオイルマネーを投入して、ドバイ経済の崩壊にひとまず歯止めをかけた。一説には、この恩義をたてに、アブダビ側から、ドバイのシンボルの「塔」を、「カリファ」と呼ぶように求めたとされる。ともあれ、ドバイの象徴は長兄国とされる隣国の首長を名乗るに至ったのである。

優越感のプライド

長兄国から支援を受けたとはいえ、インターネット上に開設されているドバイ発の「ブルジュ・カリファ」関連のウェブサイトは、優越感に基づく含蓄に満ちていて見応えがある。なかでも「burjdubaisky scraper.com」の、「世界一」をこれでもかとアピールする「ダイアグラム」と命名された一覧図集が面白い。20世紀を通して「世界一の超高層国」だったアメリカを挑発するかのような図版に接すると、アラブ世界とアメリカの複雑な関係を連想し、その図を掲げているドバイ側の思いを深読みしてしまう。

比較図集の冒頭は「３００メートル超のドバイの超高層群」で、中央に配された「ブルジュ・カリファ」の両側に、高層都市ドバイを訴求した12本の超高層がすそ広がりに並べられている。超高層がいかにドバイに集まっているかを謳歌する一覧図である。

次が「世界で2番目との比較」。上海で建設中（２０１５年完成予定）の「上海タワー」とならべている。上海の高さは６３２メートル（ちなみに日本の電波塔のスカイツリーは６３４メートル）だから、１００メートル刻みの垂直座標で、ほぼ2目盛り引き離している。これは「とにかく高い」というアピールだ。

そして、極めつけは米国一の高さを誇る「フリーダムタワー」との比較だ。

2001年9月11日の「同時多発テロ」で崩壊した「ワールド・トレード・センター」の跡地に計画された「フリーダムタワー」は、さまざまの事情で工事が遅れた。当初のコンペ当選者だったダニエル・リベスキンドの案が大幅に変更されるなどの紆余曲折があり、ようやく2014年に完成に漕ぎ着け「西半球最高層」となった。アメリカ建国の1776年に合わせた1776フィート（約541メートル）の高さだ。

ドバイのサイトは、「ワン・ワールド・トレード・センター」と名を変えたこのフリーダムタワーと横並びで図示し、高さで圧倒していることを誇示している。世界一は、アメリカからマレーシア・クアラルンプールにさらわれ、そこから中華経済圏の台北に移り、そしてドバイが「エンパイア・ステート・ビル」に倍するほどの圧倒的な高さで、世界一に君臨している。あからさまではあるが、それが現実なのだと、ドバイのウェブサイトは語りたいのだ。

世界一を護持する文明観

２０１３年を過ぎると、ドバイ・ショックが克服され、ドバイが再び活気づいてきたとの報道が欧米のメディアでは目立つようになってきた。その中心に「ブルジュ・カリファ」が存在し、このプロジェクトを周辺の「ダウンタウン・ドバイ地区」の成功に結びつけたディベロッパー「エマール」こそが、21世紀のドバイ復活の牽引役であるとの見方も浸透してきた。

まさに「世界一」効果である。マレーシアのマハティール首相が「ペトロナスタワー」の世界一にこだわった１９９０年代の半ばの時点で、すでに超高層ビルは、20世紀における役割を終えて、過去の遺物になったとの認識は共有されていた。インターネットの情報網がビジネスの世界を一変させ、リアルなオフィスへの関心が下がっていたからだ。実際、面白みに欠けるただ高いだけの米シカゴの「シアーズタワー」への挑戦者はいつまで待っても現れず、高さ競争の停滞は30年に及ぶのではと思われていた。

しかし、「ペトロナスタワー」が叩きつけた挑戦状にアメリカは過剰に反応し、「尖塔」「建築躯体」など、さまざまな「高さ基準」を持ち出してきて、「ペトロナスタワー」の世界一に少しでも泥を塗ろうとした。そして、世界はこのアメリカの姑息ともいうべき姿勢によって、再び、超高層ビル世界一競争に目覚めた観がある。

中国経済の隆盛もそれを後押しした。加えて、上下水道、エネルギー供給などのインフラストラクチャーの整備が遅れている発展途上国では、

すべてをビル内でまかなう超高層ビルの「孤立した存在」状態が、かえって好都合だと見なす向きもある。それもあって、東アジアにおいて、「タイペイ101」など「ペトロナスタワー」を凌ぐ超高層ビルが相次いで出現し、「フリーダムタワー」の工事遅れもあって、往生際の悪かったアメリカも、とうとう「世界一奪還」を完全に放棄したように見える。つまり、お手上げである。

砂漠の蜃気楼、あるいは砂上の楼閣。ドバイを眺める日本人の目は醒め切っているように思える。あの土地バブルの反動と、失われた20年が、もとより「はかなさ」を好む民族性と相まって、そうした「後向きの達観」をもたらしているのは間違いない。

国際金融市場の資金の行き先を巧みに誘導するドバイに、危うさがつきまとっているのも確かだ。しかし、「超高層世界一」という、文化ではなく文明の指標を狙い撃ちして、成長軌道への復帰をなし遂げようとしているドバイの近況は、情報操作の巧妙さを超越した、パワーの優位を実感させる。

「東京スカイツリー」の634メートルは、世界一でもなんでもない。かつてトロントの「CNタワー」が世界一だったときには、「構造物としては」と世界一にただし書きが付いた。建築の方が複合的な機能があるから、電波塔ではと言い訳せざるを得なかったのである。しかし、建築の世界一が、電波塔のそれを上回ったとき、電波塔の高さは価値を失った。

危ういのは、ドバイではなく、さまざまな不備もあるスカイツリーを「電波塔としては」と前置きして、あたかも「世界一」が国内にあるかのような誤った認識を共有してありがたがる「事実を見ない現在の日本」である。そのことをわたしたちは自戒すべきだろう。「ブルジュ・カリファ」が世界一である「価値」を認めなければならないのは、日本人の番なのだ。

第3章

マリーナ、泉、モール

——バージョン・アップ・ドバイをもたらす「地」

1.38km

どこにもない水辺——ドバイ・マリーナ

水際線をくねらせた人工の入り江の岸壁沿いに、歩行者のための散策路が続く。ドバイの熱射は、世界から訪れる観光客に決して優しくはない。それでも水辺のカフェには、ブランチやアフターヌーン・ティーを楽しむ家族連れやカップルが鈴なりになっている。以前のドバイでは見かけなかった光景だ。頂点を極めるべく世界最高層の「ブルジュ・カリファ」の建設が始まったころ、連日のように摩天楼の竣工が相次いだが、新しい街を歩く人影はなかった。そのように「図＝フィギュア」だけを追い求めてきたドバイが、この「マリーナ」を歩くと、様変わりしつつあることを感じる。「地＝グラウンド」への目覚めが、都市をバージョン・アップしつつある。

２００９年のドバイ・ショック。行く末が案じられてから5年あまり、眼前のドバイは不安を見事に払拭した。カフェの日除けのテントの下、ゆったりと語り合う日常が出現した。勢いまかせではなく、建設という営為が人間のための文明に昇華していく光景を目の当たりにする思いになった。

この新しい水辺は「ドバイ・マリーナ」。アラビア湾にも漕ぎだす純白のクルーザーが、岸壁には所狭しと並んでいる。その都市リゾート的な風景を楽しみながら、ドバイの屋外をなんとか歩けるのは、高いレベルの意匠を凝らした水辺のランドスケープのおかげだ。

かつてバブル経済盛期の１９８０年代後半、世界の経済都市はウオーターフロント開発を競った。その過程で練り上げられた水辺開発のノウハウがドバイに注ぎ込まれ、マリーナの岸壁の水際線は、恣意的と思えるほど変化をつけた曲線の連続に仕立てられた。足休めに、オープン・カフェの涼しげな影に腰を下ろせば、ニューヨークのバッテリー・パーク・シティやロンドンのドックランドにいるのと何ら遜色ない都市的感覚が満喫できる。

新たな水辺の都市街区の出現という点で、このドバイ・マリーナは、ドバイ・ショックを払拭する「再起動した沸騰都市」を象徴するエリアとなっている。ドバイの街を北東から南西に縦断する片側6車線のフリーウェー「シェイク・ザイード・ロード」で分断されていたリゾート地区とビジネス地区を連携させる役割を果たしつつある。

かつては、シェイク・ザイード・ロードの東南側、つまり、内陸寄りのゾーンに、ビジネス地区と住宅建設は集中していた。反対に道路の

西側は海上の大規模リゾート開発が中心だった。両者はそれぞれが、別メニューで開発されていた。

　その道路よりも海側＝北西側にあって、歩行者も歩ける新たな街区の創出に成功したドバイ・マリーナは、ドバイで働くひとびとが住居を求める「ジュメイラ・レイク・タワーズ」（これは道路の向こう側だ）の高層住宅街区から徒歩圏内に位置している。それゆえドバイで日常を送る家族たちにも、「海辺の恩恵」がもたらされた。水辺を楽しむ時間は、もはやリゾートの専売特許ではないという認識の広がりだ。彼らは歩いて、ここにやってくる。世界からの来客たちは、その地に足のついた日常の喜びを目にして、不動産投資を超えた確かな手応えをドバイに初めて感じられるようになった。過剰な投資が引き起こしたドバイ・ショックからの再起動にふさわしい風景が、ドバイ・マリーナには展開されている。

ドバイ・マリーナのもうひとつの魅力は、そのジュメイラ・レイク・タワーズの超高層住宅群のシティ・スケープを堪能できることだ。このドバイマリーナとジュメイラ・レイク・タワーズの街区には、ドバイの超高層の高さランキングの2位から5位までがひしめきあっている。

101階建て、高さ414メートルの集合住宅「プリンセス・タワー」。88階、392メートルの「23マリーナ」。87階、381メートルの「エリート・レジデンス」などだ。2012年の完成が大半を占め、「エリート・レジデンス」が、マンハッタンのエンパイア・ステート・ビルの高さだ。住宅としての超絶のスケール感が見るひとを高揚させる。その点でも、ドバイ・マリーナから眺める摩天楼群の景観は、都市再起動の立役者の揃い踏みの感がある。集中が見事なシティ・スケープを創造したのである。

通りがかりに、水上タクシーの乗り場を示す案内板を眺めた。そこには30本近い摩天楼（すべてが高層住宅）が、くねくねと曲がったマリーナの両岸に林立している鳥瞰図のイラストが誇らしげに添えられていた。カフェに腰掛けて、ジュメイラ・レイク・タワーズを見やると、豊かな水量のマリーナの水面に、超高層住宅群が映り込む。スケールの大きな美観に立ち会うと、心が躍らされてならない。

これは、世界のどこにもない光景だ。バッテリー・パーク・シティもドックランドも、また高層住宅がフォールス・クリーク沿いにならぶカナダのバンクーバーも、建物の高さ、街区のヴォリューム、それらがもたらす都市的パースペクティブの奥行きという点で、眼前のドバイ・マリーナの敵ではない。この希有な都市景観が単なるカジノ的な経済の産物としてではなく、人間のための空間とするべく「入魂」された趣が感じられる。入り江にたたずみながら、沸騰都市再起動の確かな手応えを得た。

世界最高層を足元から支える
——ドバイ・ファウンテンの夜

世界最高層の「ブルジュ・カリファ」を中心とする街区「ダウンタウン・ドバイ」の隆盛は、有力なディベロッパー「エマール」の健在ぶりを見せつけている。そのエマールと両輪で「沸騰都市」を牽引したディベロッパー「ナキール」は、人工リゾート島群「ザ・ワールド」建設の一頓挫もあって失速し、今は立て直しの途上だ。ライバルの苦闘を尻目に、内陸のオフィス、商業ゾーンを手がけてきた「エマール」は世界最高層獲得の勢いそのままにドバイ・ショックを凌ぎきり、沸騰都市再起動の原動力となっている。

163階建ての世界最高層の「ブルジュ・カリファ」の148階にある展望デッキを目指す観光客はひきもきらない。テナントのジョルジョ・アルマーニがインテリアを監修した「アルマーニ・ホテル」は高級感を演出し、ホテルのレストランも予約をとるのに苦労するほどの盛況だった。何事も「世界一」のもたらす絶大な効果なのは間違いない。

エマールは、この一帯を「ダウンタウン・ドバイ」と命名し、ブルジュ・カリファを目指して押しかける観光客を楽しませる装置をそこここに巧みに配して、来訪者の満足感への配慮も怠りない。

「ブルジュ・カリファ」の足元には「世界最大」をうたうショッピングモール「ドバイ・モール」がある。かつては広さゆえに閑散として

いたが、長大なモールのところどころに設けられた屋内の広場には、買い物客の活気が充満している。売り物の水族館、スケートリンクも、意外性の演出に成功している。モールを一歩出ると熱射地獄だが、そこには「ドバイ・ファウンテン」の水辺があり、ドバイでは珍しい屋外の憩いの空間となっている。砂漠だけに、この巨大な人工池の水の効果は絶大だ。

そのドバイ・ファウンテンは、かつてのドバイでは考えられなかった「夜の都市」の盛況を見せつけている。といっても俗な歓楽街ではない。公共の場で飲酒できないドバイなのだが、ここではみんなが「夜」を待ちわびている。ブルジュ・カリファの足元で繰り広げられる豪快、かつ美しい噴水ショー目当てである。

ファウンテンを見下ろす高層ホテルのカフェに陣取って、傾きかけた夕陽を見ながら、夜のとばりがおりるのを待つ。漆黒の闇が中東の空を覆うと、サラ・ブライトマンの歌声が屋外のスピーカーから流れ出す。と同時に水面から噴水が、上空高く水の列を吹き上げる。水列は歌姫の美声に合わせて、まるでダンスを踊るかのように三次元的にくねり、よじり、観衆を魅了する。プログラムによっては、噴水は最高140メートルまで達するという。日本なら通常の超高層ビルの高さに相当する水の塔が出現するこのエンターテインメントのスケールは大きい。

水辺でオープニングを待っていたひとたちから歓声があがる。デジタルカメラや携帯電話、タブレットを頭上に掲げ、競い合うように噴水のダンスを撮影しようとする光景は、アラブ世界の変化を実感させる。背後には外壁をライトアップで縁取ったブルジュ・カリファが聳える。世界最高層をキャンバスに、ここでしか見られない風景をエンターテインメントとして提供している。誰しもが再起動したドバイが世界の先端に戻ったことを認識するだろう。そこに立ち

会う日本人は、停滞から抜けだせない自国を思ってたじろぐばかりだ。
日中は砂塵の影響で霞んで見える風景が、夜景では劇的に演出されて一段と輝きを増す。闇を切り裂いて発光する照明は色彩のアクセントとなって、都市景観を一段と艶やかにショーアップする。
英国の設計事務所アトキンスが手がけた「ジ・アドレス」、やはり英国の建築家ノーマン・フォスターの手になる「ジ・インデックス」の2つのオフィスビルも揃い踏みして、ブルジュ・カリファの見事な介添えをつとめる。それらも本尊と一体で演出されたライトアップで、ドバイ・ファウンテンには欠かせない引き立て役になっている。
その夜景を眺めながら、「未来都市」という言葉を思い浮かべた。世界最高層が聳えるここには確かに世界が目指そうとしている「未来」のひとつの形が提示されている。これを見るだ

けでも、建築関係者はドバイを訪ねる価値はあるだろう。
それもあって、この一帯の世界の富裕層を顧客とする分譲住宅群（低層のテラスハウスが中心）の売れ行きも上々と聞いた。ブルジュ・カリファの建設に取りかかったころは、いわば「走りながら考えている」かの如き都市計画の危うさを感じたが、世界最高層を取り囲む形で、業務、ホテル、商業、居住を集合させた複層的な街区の完成した姿を眺めると、エマールは実は綿密に戦略を練っていたのだと脱帽する。ドバイ・ショック以前は投資優先で地に足のつかなかった「沸騰都市」が経済危機を克服して、「地に足のついた正常な都市」に脱皮していく手応えを感じさせる光景だった。

椰子は枯れず

海のリゾートを開発してきた「ナキール」の失速は、ドバイ・ショック後、今なおどれぐらいの影響を及ぼしているのだろうか。それを確かめるために、椰子の葉の形をした人工島、「パーム・ジュメイラ」を訪ねた。このリゾート開発こそが、「沸騰都市」の牽引役だったからだ。結果は、杞憂とはいかないまでも開発は継続し、挫折の影響は克服されつつあるとの印象だった。

ドバイ・ショックが顕在化したとき、椰子の木の外縁部では、ただひとつリゾートホテル「アトランティス」だけが、木のてっぺんにあたる位置で開業していた。そして、根っこにあたる陸地から、幹の部分を通って海上をわたる高架のモノレール工事が、アトランティスの宿泊客を運ぶために急ピッチで進められていた。しかし、モノレールの陸地側の駅を下層部に抱える3本の超高層ビルの建設計画は挫折し、低層の駅部分が辛うじて建設された。人影はまばらで、ナキールの失速は椰子の木の人工島の行く末を暗示させた。

だが、「パーム・ジュメイラ」の開発は、経済危機を脱するにつれ、少しスローダウンしたが、それなりに着々と進められていた。

アトランティスに続いて、椰子の木の外縁部の葉っぱの位置に複数のリゾートホテルが開業していた。公共交通はモノレールだけだったのも、それらのホテルと陸地を定期的に結ぶボートが営業を始め、陸地側の乗り場には時刻表も掲げられていた。人工島全体が機能し始めたのは、ナキールの経営再建にも明るい兆しと受け止められよう。

アトランティスに行ってみると、以前は、不特定多数の来訪者が入場できたホテルロビーにセキュリティのチェックが設けられていた。明らかに高級顧客であるところの宿泊客優先に運営方針が変更されていた。もともとは、スイートルームの客室から、館内に設けられた伝説の大陸の水中遺跡を連想させる水族館の水槽が楽しめる「アンダーウォーター・スイート」など超高級ホテルの仕立てだった。パーム・ジュメイラの開発の進行にともない、営業が順調な軌道に乗ったために、本来の高級志向の運営に転じたのだろう。アトランティス以外のホテル宿泊客の利用を想定した水上交通路線の開設も相まって、企画当初の方向への相乗効果が発揮されつつあると見た。

椰子の木の幹の部分には中高層の分譲住宅が、アトランティスより内側の葉の部分には個人邸宅の分譲住宅の建設が予定されていた。着工からしばらくは街路整備も遅々として進まず、住人の姿を見かけることはなかった。ドバイ・ショック直後には、投資のためだけの住宅でしかないのかと思った。だが、それも5年ほどを経て、無人だった住宅街のあちこちのガレージに高級車が停まり、自宅に出入りする人影も認めた。ひとが住んでいる気配が生まれ、もはや投

資対象だけではないと思えるようになった。

　ナキールは、ドバイのアラビア湾岸に、このパーム・ジュメイラのほかに、世界地図の形の人工島群のザ・ワールド、それとデューティーフリーゾーンの物流基地、ジュベル・アリ港の機能拡張を想定した一回り大きな人工島も計画していた。当然、投資規模は莫大なものとなり、リーマン・ショックによる金融市場引き締めがもたらした資金繰り悪化の波を、もろにかぶることになった。沸騰都市を牽引する意欲的な計画が、ドバイ・ショックで足枷と化した。

　だが、椰子の木の「パーム・ジュメイラ」が、死に絶えることなく、着実にリゾート地としての面目を高めつつあり、ナキール復活もそう遠からぬ日ではと思えてきた。エマールとならぶ再起動に不可欠な主役のひとりだけに、動向を注視せねばなるまい。

旧市街地が示唆するもの

昔ながらの観光地であるデイラ、ブル・ドバイを改めて訪ねると、ここでも前向きな変化の兆しを発見できた。クリークを挟んだ対岸に渡るための船着場などに、英語表記もある金属製の「観光地図」が新たに設置されていた。街路の名称で場所を示す習慣がないドバイは、多くの施設が住所表記を持たず、ただ郵便番号の私書箱だけを公表している。観光スポットも大まかな地区名の表記しかなく、そこに行こうとすると、観光ガイドやウェブサイトのアクセスマップが頼りになる。その意味では、地区内の場所を示す「観光地図」の看板が出現したのは、観光客にとってうれしい変化だ。

夏は摂氏50度を超えるドバイでは、もとより歩いて都市を楽しむという日常が存在しなかった。しかし、だからといって、完全に空調された超高層の「現代建築」を次々と並べるだけで都市になりうるのかというと、それは違っている。やはり、ひとの賑わいが求められてこその都市だから、超高層ビルの林立する新街区にも歩行者のための空間はあってしかるべきだ。

香料や金製品を扱うドバイのアーケード商店街「スーク」では、屋内空間を通り抜けて屋外に出たところに小さな広場が設けられ、そこの日陰で一休みすることができる。この伝統的な商業装置には、「ひとの空間」のための工夫が凝らされている。そうした先人の知恵を生かそうとする新開発はないかと、市街を眺めていたら、低層の商業施設「ザ・ウオーク」に行き当たった。

2008年開業のこのショッピングモールは、「ドバイ・マリーナ」に隣接する「ジュメイラ・ビーチ・レジデンス」の高層住宅群の日陰を活用して、北東~南西方向を軸線にして整備された。アラビア湾側に視界が開けており、買い物客はオーシャンビューを楽しみながら、ところどころに屋外のスペースが設けられたモールを通り抜けて飲食やショッピングを楽しんでいる。

ドバイのショッピングモールの多くは、最大規模のドバイ・モールがそうであるように内部に完全空調の大空間を設けて、そこだけで用が済むように構成してきた。そのため、建築としては、米国や日本の郊外立地のモールとあまり変わらないものになってしまった。一方、このザ・ウオークはうちに大空間を造るのではなく、モール本来の通り抜け空間を、海岸線と平行の

一直線で設営し、そこに屋外と接触できる場を意図的に配して歩く楽しみを演出した。

それはスークを通り抜けて歩く喜びに通じるものがある。屋内と屋外が交互に連続することで、米国流の大空間に囲い込む消費施設とは異なる、ドバイの気候にも触れられる現代空間を出現させたのである。超高層群が熱射の環境でもたらす「陰」という素朴な恩恵を使ったのが功を奏した。２０１４年半ばから、この空間構成をさらに向上させる本格的な改装に入ったのを見ると、設営者は屋内と屋外が連続する空間に対する来訪者の好反応の手応えを感じているに違いない。

考えてみれば、超高層のつくる「日陰」が帯のように連なっている場所は、ドバイじゅうに溢れている。実際、ダウンタウン・ドバイの西側に連なり、ビジネス街区としての整備が急がれている「ビジネス・ベイ」の一角にも、こうした「日陰」を生かした空間の整備が進む。ビジネス・ベイで最初に完成した12棟からなる超高層住宅群「エクゼクティブ・タワー」の足元に位置する「ベイ・アベニュー・モール」とこの施設に沿った散策路がそれだ。

ショッピングモールは、あたかも安藤忠雄氏の作品のようなコンクリートのフレームと箱から成る低層の商業施設で、建設工事も最終段階に近づいていた。ザ・ウオークが砂漠の砂のテクスチュアを意識した意匠なのに対して、ベイ・アベニュー・ショッピングモールは、平滑

な仕上げのモダニズムの禁欲的な沈黙美を意識した外装をとる。このショッピングモール建設を機に、建物に沿って計画された公共通路型の「ベイ・アベニュー公園」が2014年2月にオープンした。子どもを対象にした公共的な公園も併設されている。既存の商業施設と一線を画す新空間をドバイにもたらすディベロッパーサイドの強い意志を感じた。

こうした空間の設営が、ドバイで暮らし、働くひとびとの日常の習慣を変えていくだろう。海上交易の歴史の地に、せっかく新都市を造営するのであるから、伝統を破壊するのではなく、新たな都市体験を加えていくのが望ましい。ドバイ・ショックからの再起動の過程で、このような意欲的できめ細かい挑戦が始まったのは特筆してよいだろう。21世紀のドバイの都市像は、そうやって一歩一歩構築されていく。それはまた摩天楼群の林立した未来都市を人間が息づく文明に昇華させる試みでもあるだろう。

2020年を目指して

2020年にはドバイで国際博覧会が開催される。1851年のロンドンの大博覧会以来、国際博はその都市が世界のなかでメトロポリスとして認められるための通過儀礼の役割を担ってきた。ドバイ・ショックを乗り越えたドバイは2020年を次なる区切りの目標に再起動し、沸騰都市の活気を取り戻しつつある。

それでも、ダウンタウン・ドバイにつながるビジネス街区として計画された「ビジネス・ベイ地区」を訪れると、砂漠の地肌がむき出しの空地があちらこちらに広がり、プロジェクトが凍結されたままになっているところにも出くわす。

ドバイの高層ビルのなかで、省エネルギー志向と緊張感のある白黒の外装で、近刊のドバイを扱った建築書では必ずといってよいほど顔を出してきたオフィスビル「O－14」はビジネス・ベイの一角を占めるが、再訪してみると、エントランスが閉鎖され、いっときかも知れないが無人の空間になってしまっている。

開発が軌道に乗ったドバイ・マリーナに隣接する「ジュメイラ・レイク・タワーズ」地区も、必ずしもすべてが順風満帆とはいかず、プロジェクトの凍結も散見される。ザハ・ハディドのひねりを加えたシルエットの特異な意匠で話題を呼んだ「シグネチャー・タワー」も未着工のままで実現しない。

新たなプロジェクト実現の「余地」がまだそれだけ存在すると受け止めることもできよう。2020年の万博を機に国際空港の新設などは間違いなく実現するだろう。そして、その熱気が、眠っているプロジェクトを覚醒させ、ドバイをこれまで以上に圧倒的な、まだ見ぬ桁外れの「摩天楼都市」に爆発的に変貌させる可能性は高い。

２０２０年のわたしたちの眼前にどんなドバイの姿が横たわっているのか、ここまでわくわくさせ、期待感を抱かせる都市は、地球上、他には存在しない。

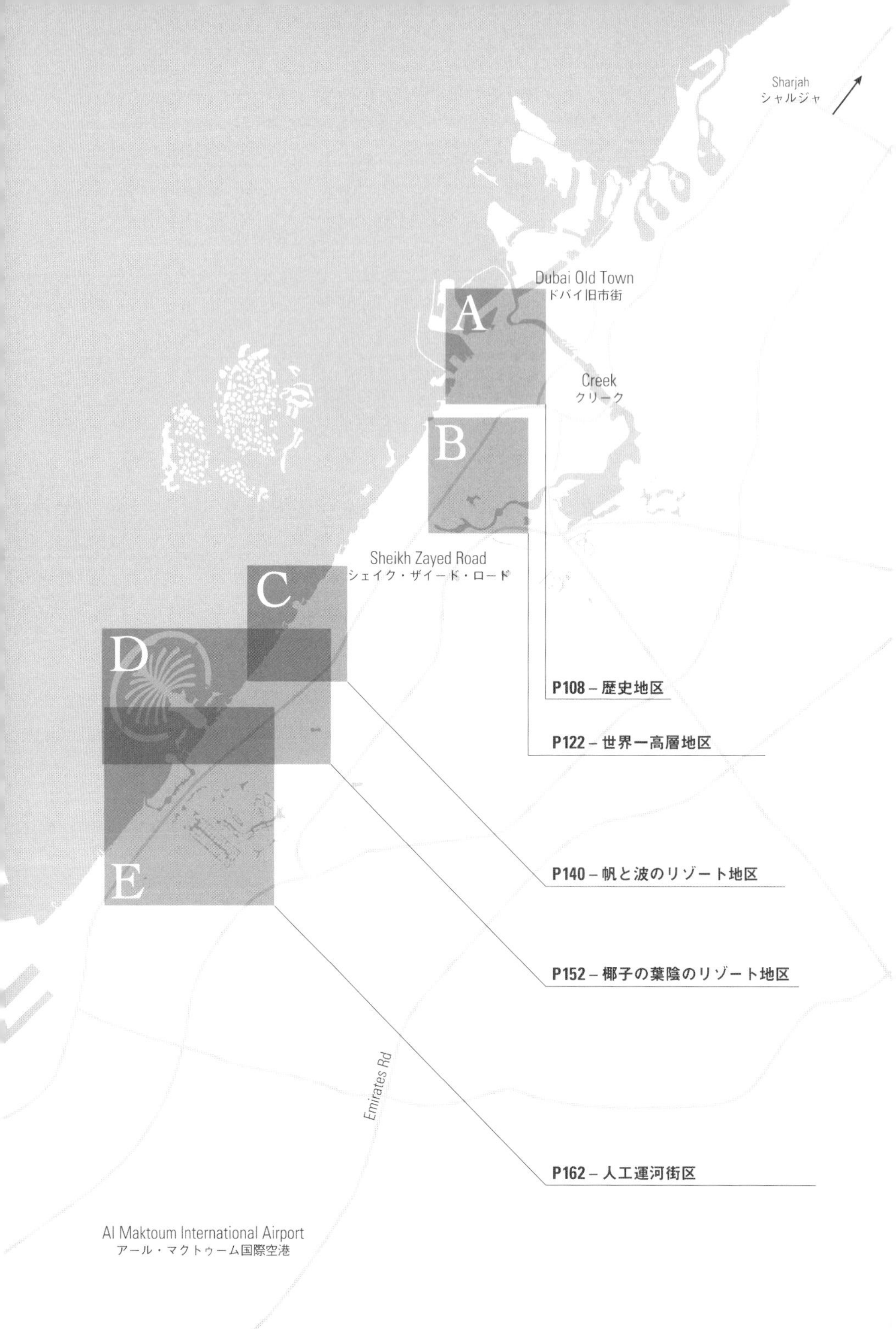
Sharjah
シャルジャ
Dubai Old Town
ドバイ旧市街
A
Creek
クリーク
B
Sheikh Zayed Road
シェイク・ザイード・ロード
C
D
E
P108 – 歴史地区
P122 – 世界一高層地区
P140 – 帆と波のリゾート地区
P152 – 椰子の葉陰のリゾート地区
P162 – 人工運河街区
Emirates Rd
Al Maktoum International Airport
アール・マクトゥーム国際空港

第4章

都市ドバイ「建築ガイド」

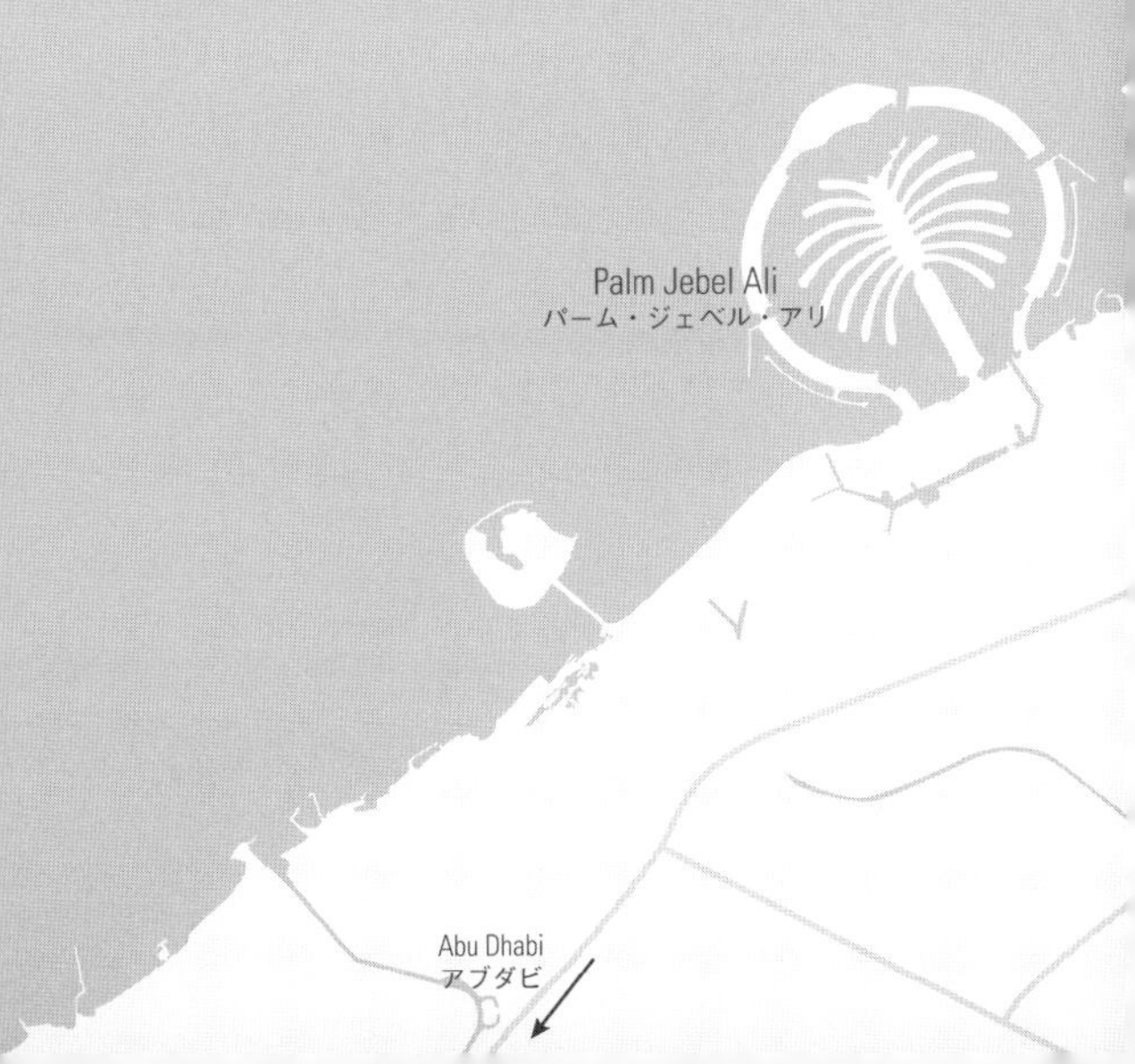

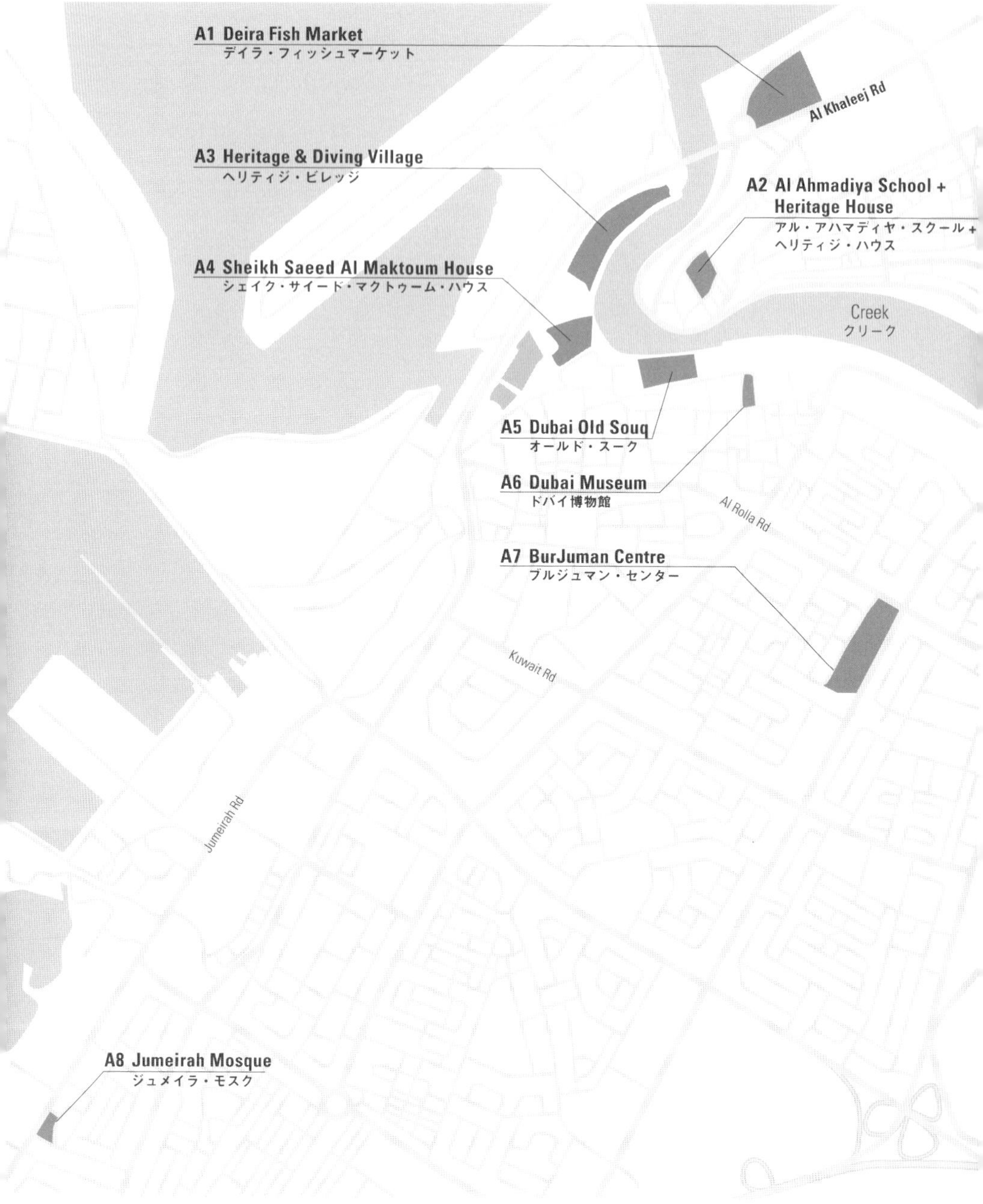

A1 Deira Fish Market
デイラ・フィッシュマーケット
Al Khaleej Rd
A3 Heritage & Diving Village
ヘリティジ・ビレッジ
A2 Al Ahmadiya School + Heritage House
アル・アハマディヤ・スクール＋ヘリティジ・ハウス
A4 Sheikh Saeed Al Maktoum House
シェイク・サイード・マクトゥーム・ハウス
Creek
クリーク
A5 Dubai Old Souq
オールド・スーク
A6 Dubai Museum
ドバイ博物館
Al Rolla Rd
A7 BurJuman Centre
ブルジュマン・センター
Kuwait Rd
Jumeirah Rd
A8 Jumeirah Mosque
ジュメイラ・モスク

A 歴史地区 ベドウィン、海に出る

古くからアラビア湾の交易の中継基地として栄えたドバイには、往時を偲ばせるエリアが、クリークの両岸に残されている。ベドウィンの一族が、漁村に１８３３年に建国したドバイは、都市河川を拡幅して整備したこのクリークのおかげで、今なおアラビア湾とアフリカの交易基地としての地位を維持している。

超高層街区による「未来都市」演出の一方で、歴代首長は、歴史地区の保存・再生にも心を砕いてきた。クリークの右岸「デイラ地区」と左岸にある「ブル地区」がそれである。日干し煉瓦を積んだ土色の家並みを歩くと、過去にタイムスリップしたかのような感覚にとらわれ、その魅力にとりつかれることになる。

気候、風土が育んだこの地ならではの歴史建造物が、パッシブ型で住民を快適に過ごさせる形をとっていることに気づくだろう。熱射を遮断する構造をとる、ドバイの伝統建築は基本的にはパッシブ型である。

断熱性能の高い分厚い外壁、そして、アラベスク模様の出窓は、砂嵐から暮らしを守ってきた。住宅は、中庭にオアシスとしての人工池を配して、その周囲に回廊を巡らしている。アースカラーを基調とした外装が、街全体の一体感を保持している。

歴史地区には、今も地元の人たちの暮らしを支える半屋外のマーケット「スーク」が、扱う品物ごとに何カ所にも分かれて存在し、世界の先端を駆ける超高層街区とは一線を画した賑わいで活気づいている。

観光客をのぞけば、主役はあくまでも地元のひとたちと、海外から出稼ぎに来た労働ビザで滞在している労働者たちだ。そんなひとびとの営みを眺めながら、「クリーク」に面した水辺のレストランのテラスで過ごすひとときは、旅人がドバイの原点に触れられる貴重な瞬間だ。

A1 ディラ・フィッシュマーケット

旧市街ディラ地区の魚市場の活気に満ちた光景は、超高層建築の立ち並ぶ開発エリアからは想像もできない姿だ。週末になると、その日水揚げされた魚を買い求めに来るひとびとでごった返す。細い鉄骨の柱と折板屋根に支えられた大空間。自然光と天井に規則的に配された蛍光灯の照明が織りなす、開放感あふれる大空間である。

構造の軽やかさは、モダニズムが21世紀に行き着いた、エフェメラルを名乗る現代建築の創造に通じるような今日的面白さがある。その空間のなかで、青い制服をまとった売り子たちが、かいがいしく働く姿は、彼らとお客の掛け合いの声がこだまする市場を、一段と魅力的なものにしている。

だが、この市場も２０１５年夏にはドバイ病院の向かいの敷地に新築移転することが当局によって公表されている。魚が海からの水揚げだ

ディラ・フィッシュマーケット

Deira Fish Market

けではなく、空輸もされてくる時代の変化に合わせて、冷凍設備などを一新するのが目的という。また、同じく活況を呈してきた野菜市場も、この新市場に統合され、消費者には「一つ屋根の下」で魚菜を購入できる利便があると新計画はうたっている。

スークとともに、激変するドバイにあって、一般市民の生活を支えてきた空間がどのように様変わりするのか、期待される。

A2 アル・アハマディヤ・スクール＋ヘリテイジ・ハウス

コーランを中核とする教育の歴史を展示する博物館施設。元の建物は1912年に真珠商の富豪が設立したドバイ初の公教育の学校建築。その後、増築が重ねられたものを、1995年に教育博物館として再生した。中庭を囲むように配された教室は10室を超え、屋内では蝋人形によって授業の風景が再現されている。中庭に

アル・アハマディヤ・スクール

Al Ahmadiya School

面した回廊は、アラブ文様に彩られた幻想的なアーチで縁取られ、学校建築の細部にまで美を凝らした往時の姿を彷彿とさせる。
　隣接する形で、学校を創設した真珠商の住宅も修復されて公開されている。
　こちらは1890年建設の邸宅建築を再生したもので、かつてのドバイの上流階級の暮らしぶりをうかがわせる。ペルシャ絨毯敷きの、来客を迎える部屋マジリスなどが再現されている。建物本体は2階建てで、低層の躯体から、風を取り込む「塔」が聳え立ち、その塔からは何本もの樋と構造材が水平に張り出して印象的な風景を形成している。
　見事なプロポーションの幾何学が貫徹された外壁や内部空間のありようは、近代におけるこの地域の建築の水準がいかに高いものであったかを物語っている。

A3 ヘリテイジ・ビレッジ

次項のシェイク・サイード・ハウスと広場を挟んで向き合うドバイの伝統的な住宅を整備したエリア。風の塔を備えているが、いかにも新造された印象もある。椰子の葉で編んだ住宅や、砂漠のベドウィンのテントなどが展示され、民芸品も販売されている。また、石油がアラブの国々を潤す前夜まで続いた真珠漁の歴史を展示する「ダイビング・ビレッジ」も隣接する。

A4 シェイク・サイード・アル・マクトゥーム・ハウス

クリークの河口に位置する現在のドバイ首長の祖父であり、やはり首長であったシェイク・サイード・ビン・マクトゥーム（在位1912－1958）の公邸。ここで政務をとり、日常生活も送った。1896年に建設された建築を保全公開している。

4つの風の塔を持つ住宅の形式やアーチ型の

ヘリテイジ・ビレッジ

Heritage & Diving Village

Sheikh Saeed Al Maktoum House

シェイク・サイード・アル・マクトゥーム・ハウス

扉などは、ドバイの伝統的な様式を遵守しながら圧倒的な比例感覚の美しさによる建築美をもたらしている。

1階にはこの種の邸宅の定番とされる来訪客を迎える広間マジリスなどが配され、外部の激しい気候を遮断した中庭が、安寧の暮らしを約束している。2階の居室からはアラビア湾とドバイの都市景観が堪能できる。外観を特徴づけているのは、やはり四周に配された「風の塔」であり、風土のなかで培われたこの自然の冷却装置を、外観を含む構成に積極的に生かしている。

夜間はライトアップされ、姿態の美しさをいっそう際立たせる。写真などの展示が、ドバイの19世紀から今日までの発展の下地となった文明の力を観光客に伝えている。1986年から積極的にこの邸宅の復元を進めた首長家の意図は、そのような歴史に培われた底力の広報にあり、目的に適った名建築である。

Dubai Old Souq

オールド・スーク

A5 オールド・スーク

クリークの両岸に展開するスークと呼ばれる伝統的なアーケード市場は、観光客のお目当ての一つであり、今も庶民の買い物の場としても日常的に機能している。二つの建物の間に設けられるスークの頭上には、木造の伝統工法に基づくアーチ型の小屋組が架かっている。木造だけに歳月を経ると架け替えられるが、昔ながらの構法を継承していて、ドバイの歴史的な空間を追体験する場として貴重だ。

カタールのドーハで忠実に再現したとする観光客向けの新設の「スーク」を訪れたとき、頭上には木の小屋組ではなく、簡易な布製の幌を張って、日射を防いでいた。ドバイの「スーク」も、もともとはそのような布製の幌をかけていたのが発展し、木造の木組みになったと推測される。

対岸の「デイラ地区」から、アブラと呼ばれる乗合水上バスで「ブル・ドバイ」の船着場に下り立つと、そこに「オールド・スーク」が待ち受けている。クリークに面したこの「オールド・スーク」は、ドバイの数あるスークを代表するもので、中東圏の多くの国のスークに比べ、ドバイは通路が広く、天井も高い。頭上の木組みの精緻さは際立っている。

パリに発するパサージュも、もともとは2つの建物の間の細長い通路にガラスの天蓋を懸けたのが発祥とされるが、所を変えても同じような発想で通り抜けの商店街が構成され、今日まで「現役」であり続けているのは興味深い。また、それぞれの「スーク」に得意とする品揃えがあり、アラブ世界らしい黄金やスパイスなど、専門の「スーク」も存在する。地元のひとたちが、金などの購入だけではなく、買い取りシステム利用のためにも訪れる場所だ。

都市の自然発生的な消費施設としての「スーク」を訪ね歩き、各々の空間の違いを見て回るのも、ドバイの歴史地区を歩く楽しみだ。

A6 ドバイ博物館

18世紀末にさかのぼる要塞、そして、首長の公館に使われていた施設を転用したのが、「ドバイ博物館」である。1787年の建設とされ、現在のドバイに残る最も古い建造物といわれる。立地は、オールド・スークに近く、周囲の街並みと違和感なく連続して一帯の景観保持にも貢献している。

外部に対して固い守りを宣言するかのような壁が続く。その一角から入った中庭はやはり日干し煉瓦を積み上げた壁に囲われている。そこに最初の展示物があり、漁業や真珠の採取に使われた木製の小舟が置かれている。日本流にいえば網代のような酷暑を避ける自然素材の小屋も再現され、なかにはベッドも置かれている。

また、外敵に対して応戦したヨーロッパ製とされる大砲が置かれているのは、要塞であった歴史を実感させる。現代に至るまで国際的な緊張関係に置かれてきたドバイの歩みがそこから

ドバイ博物館

A6
Dubai Museum

読み取れるだろう。

この中庭を一覧した後、組積造の煉瓦壁をくぐって屋内に入ると、建築関係の展示がある。歴史的な街区における「風の塔」の写真や風の流れのダイアグラムが示され、いくつかの形式についての説明もあり、建築関係者にとっては必見といえよう。

中庭の木造の舟との関連では、アジアやアフリカの各地との交易で得た品々の展示もあり、アラブ音楽の楽器も置かれている。蝋人形による昔の生活風景の再現が用意されており、近年に至るまでのドバイの発展を地図とともに学べるマルチメディアの展示が街の歩みの理解を助けてくれる。

道路に面した屋外には、大きな交易船が置いてあり、歴史地区観光のセンターとしての役割を自負している。

BurJuman centre

ブルジュマン・センター

A7 ブルジュマン・センター

クリークを少し内陸に進んだ位置にあるブルジュマン・センターの一帯は、1990年代半ばからドバイが摩天楼都市に変貌していくステップボードの役割を果たした。1991年に登場したブルジュマン・センターは、ドバイで最初の現代的なショッピング・モールの一つであり、建設当初からしばらくは、海外からのビジネスマンは、建設業関係者も含めてこのモールの近傍のホテルに宿泊し、欧米的な空間で仕事をこなすのが常だった。

数多くのファッションブランドを抱えて独占的な地位を築いた「ブルジュマン・センター」だったが、2004年に激化する商戦に勝ち抜くための大規模な増築を始め、今なお順次、テナントの誘致、更新を続け、時代にあった姿に一新されつつある。

建物の中央を横断する、ガラス屋根の下の吹き抜けの空間は、外部からの熱射を忘れさせる

Jumeirah Mosque

ジュメイラ・モスク

開放的な仕立てとなっている。下階から、蛇の胴体のうねりを思わせるかのようなスロープが上階までらせん状に伸びていくのが、独特の光景を形成する。ところどころに配された木材をアレンジしたインテリアの仕上げも周囲の砂漠を忘れさせる。

高層のホテル、集合住宅の新増築は、拡大するドバイにあって、老舗的な存在として、21世紀を生き延びる決意の表明だ。

A8 ジュメイラ・モスク

2本の尖塔、ミナレットが屹立する「ジュメイラ・モスク」は、歴史地区から西の方角に4キロほど行ったエリアに存在する。ミナレットは歴史地区からも遠望でき、ドバイのイスラム社会のシンボル的な存在となっている。

完成は1978年。形式は、10－11世紀にアラビア半島からアフリカ北部までを支配したイスマーイール派のファーティマ王朝時代のモス

クの形式を踏襲したとされている。

中央にイスラム・ドームをいただき、その両側にミナレットが聳える姿は、イスラム教の厳格さをうかがわせる。堂内は１２００人が祈りを捧げられる大空間で、インテリアも伝統的なモスクにならって装飾が施されている。材料の見事なまでの統一感と開口部のプロポーションの美しさが際立っている。

ミナレットの高さは70メートルにも達しており、夜間のライトアップされた姿は、ドバイを代表する景観として広く認識されている。

シェイク・モハメッド・センターによる、非イスラム教徒を対象にしたツアーが用意され、内部を見学できる。周辺にフォリーや木陰をつくり市民の憩いの場を設けるランドスケープのありかたも特筆できる。

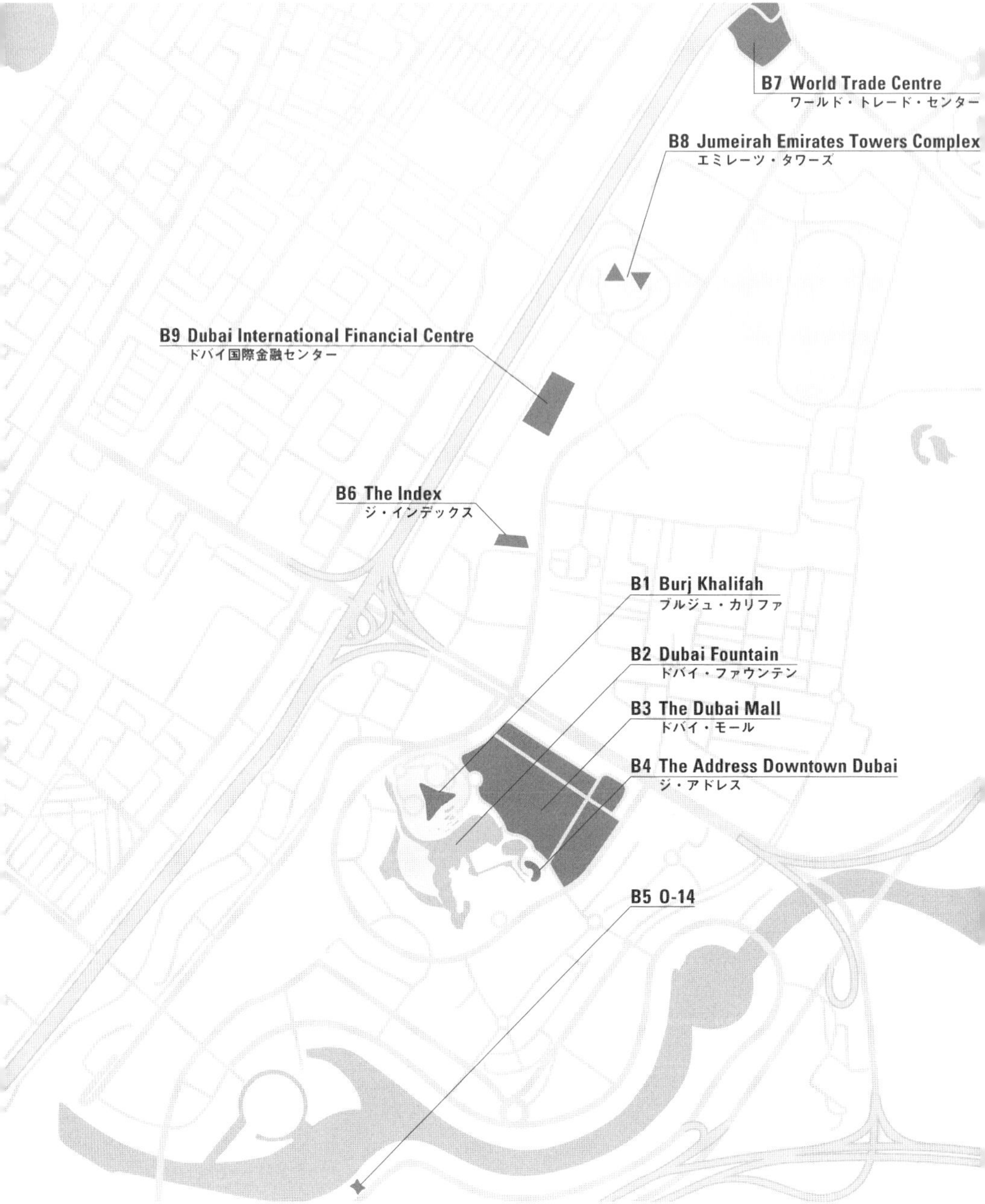

B7 World Trade Centre
ワールド・トレード・センター
B8 Jumeirah Emirates Towers Complex
エミレーツ・タワーズ
B9 Dubai International Financial Centre
ドバイ国際金融センター
B6 The Index
ジ・インデックス
B1 Burj Khalifah
ブルジュ・カリファ
B2 Dubai Fountain
ドバイ・ファウンテン
B3 The Dubai Mall
ドバイ・モール
B4 The Address Downtown Dubai
ジ・アドレス
B5 O-14

B 世界一高層地区 ドバイ・ショックを超えて

東アジアと米国が激しく超高層ビルの高さ世界一を争ったのが20世紀末。その競争に「タイペイ101」が終止符を打ったと思ったのも束の間、ドバイは高さ828メートルの「ブルジュ・カリファ」を完成させて、「タイペイ101」に300メートルを超える差をつけた。その「ブルジュ・カリファ」を筆頭に、ディベロッパー「エマール」による再開発が実を結びつつあるのが、「ダウンタウン・ドバイ地区」だ。

なんといっても「世界一」という「宝冠」を保持しているのが強い。「ブルジュ・カリファ」の展望台は、オープン当初から長蛇の列が話題になった。ドバイの発展を体現する「ブルジュ・カリファ」を中心に、エマールはその足元に人工池を設えて、ラスベガス風の噴水ショーでひとびとの歓心を買い、「ドバイ・モール」に観光客を集めて、この地区を数多いドバイの開発のなかでも抜きんでた存在とすることに成功した。

投資用の集合住宅も「世界一」の傍らなればこそ引き合いがある。英アトキンス設計の高層ビル「ジ・アドレス」を足元に従える姿も一帯に品格を与えている。すべてが「世界一」の達成とともにうまく回り始め、空港に近い立地も幸いした。同じ政府系ディベロッパー「ナキール」の蹉跌を横目に、「エマール」は勢いづき、ドバイは2009年のショックから抜け出しつつある。

ただ、秀逸な建築は揃ったものの、下水道をはじめ、インフラ整備はまだまだこれからだ。「ブルジュ・カリファ」を核に、基盤施設を着実に整備し、未来に向かって走り続けるドバイを都市としてどう成熟させていくかは、課題として残っている。21世紀の都市の神話は、まだ始まったばかりなのである。

B1 ブルジュ・カリファ

トム・クルーズ主演のアクション映画「ミッション・インポッシブル　ゴースト・プロトコル」が、「ブルジュ・カリファ」に白羽の矢を立てたのは当然の選択だった。

なんといっても圧倒的な、それまでとは次元の違う世界最高層。どうやって建っているのか、アラブの砂漠の環境のなかでどんな状態なのか、建築の専門家ならずとも誰もが一度は見てみたい存在だったからである。

客室外壁のガラスを外して、身体に結わえ付けたロープを頼りに、外壁づたいに上下階へと移動する緊迫の場面で、砂嵐がやって来る。ドバイの気候風土を踏まえた、砂漠の超高層の危うさを示唆するシーンだった。

超高層ビルを舞台とする映画はそれなりの数に上る。撮影時点の「世界最高層」となると、近年ではマレーシア・クアラルンプールの「ペトロナスタワー」にショーン・コネリーらが侵

ブルジュ・カリファ

Burj Khalifah

入する「エントラップメント」を思い出す。米国からの世界一流出を国家ぐるみで仕掛けた摩天楼だけに誰もが見たかった存在だ。その流れを受けて「ブルジュ・カリファ」も銀幕に投影された。

設計者のエイドリアン・スミスが「短剣」というように、砂漠がもたらす砂の霞のなかで鈍く光る「ブルジュ・カリファ」は、厳しい気候風土のなか、人類が21世紀に至って、地球に突き立てた「文明」のひと刺しなのだと思えてくる。20世紀の最大の発明物とされる超高層ビルが21世紀に、摩天楼の名の通り、アラブの地で空をこじあける姿を見せたのである。立地ゆえに「バベルの塔」も連想させるが、今後の運命はドバイ経済の行方にかかっている。

超高層を実現するのは科学技術であるが、社会的要求を踏まえた存在であることも求められる。21世紀のアラブ社会の変化を「塔」は見守り続ける。

B2 ドバイ・ファウンテン

都市的な施設、とりわけ人工池を使って路上を行き交うひとびとに、エンターテインメントを提供する試みは、１９９０年代のラスベガスで始まった。テーマホテルの客寄せを目的とするラスベガスのその種の都市的なパフォーマンスは表現の質が高く、世界中の新都市が市民を惹きつける有力なツールとなった。

世界最高層を獲得して意気上がる「ブルジュ・カリファ」の足元に広がる「ドバイ・ファウンテン」は、ストレートに家元ラスベガスの噴水ショーを勧請した。ラスベガスの高級ホテル「ベラージオ」は、アンドレア・ボチェッリとサラ・ブライトマンの歌う「タイム・トゥ・セイ・グッドバイ」にあわせて噴水がダンスを踊るパフォーマンスで人気を博した。「ドバイ・ファウンテン」はそれを導入してみせた。

いや、バージョンアップも怠らなかった。噴水が吹き上がる高さは45階建ての高層ビルに相

Dubai Fountain
B2
ドバイ・ファウンテン

当する140メートルにまで達し、圧倒する。また、噴水が合わせて踊る曲は、「タイム・トゥ・セイ・グッドバイ」だけではなく、アラブ音楽などワールドミュージック、クラシックにまで広がっている。開発者の「エマール」によると、仕込まれた照明の数は6千6百個に達し、1千の異なるパターンの水の表現が可能としている。夜間のライトアップ時の美しさは際立っており、それを目当てにやって来る観光客も数多い。このショーを手がけたのも、ベラージオと同じ米カリフォルニアのWETである。

泉は、「ブルジュ・カリファ」の足元に広がるアラブ文様を思わせる配置のランドスケープの中央に位置し、275メートルの長さに広がる泉の総面積は12万平方メートルを超える。緑のランドスケープとともに、豊かな水のパフォーマンスで、砂漠の世界最高層に潤いをもたらしている。

The Dubai Mall

ドバイ・モール

B3ドバイ・モール

ブルジュ・カリファに近接する低層のショッピングモール。屋内だけで総面積36万平方メートルに1200店舗のテナントで世界最大をうたう。アースカラーの曲面壁のこのモールの一番の売り物は、世界最大のアクリル窓としてギネス認定されている水槽を持つ水族館だ。

モールのアトリウムの中央に置かれた巨大水槽は施設の規模を生かしたもので、意外さとスケールに圧倒される。透明な水中トンネルをくぐるうちに、ここが砂漠の真ん中であることを忘れてしまいそうになる。

また「アンダーウォーター・ズー」と命名された施設も併設されており、こちらは熱帯雨林などの生物を観察できる。いずれにせよ屋内の大空間に封じ込まれた自然が、巨大モールに生命力をもたらしている。

モール全体としてはアメリカ風で、吹き抜け空間が開放感を演出する。ところどころの屋内

広場に設けられた円形のドームに、アラビア風の仕上げがなされるなど、多彩なインテリアの仕掛けに見どころがある。

2010年には子どもに社会体験をさせるテーマパーク「キッザニア」のドバイ版もオープン、ソフトの更新も怠りない。その意味では、大きさが売り物のアメリカ仕込みのモールとはいえ、時代の要請に合わせて成長している。

世界の主要ファッションブランドが軒を連ねているほか、日本からは紀伊国屋書店がテナントとして出店している。国際感覚も豊かだ。

このモールに接するエリアには、歴史的なスークを模した「スーク・アルバハール」、ドバイ・ファウンテンに浮かぶ小島全体を城砦のように囲った「オールドタウン・アイランド」（住宅もある）などの商業施設が目白押しで、いずれも盛況を目の当たりにすると、世界最高層の波及効果の大きさが実感できるだろう。

B4
ジ・アドレス

ドバイ・ダウンタウン地区にあって外観はもちろんインテリアにまでデザイン志向を徹底した超高層ビル。設計者の英アトキンスによると「飛行機の翼」をイメージさせる外観という。それは頂部のデザインに象徴されている。半円を立てた形の純白の造形がランドマークとしての存在感を表現している。この半円から飛び出した2本のスパイアは高さとともに、頂部の厚みを視覚的に演出し、明確なスカイラインを獲得している。

高層部から基壇まで5層にわたって表現が変化する外装の出で立ちは、ハイテク感覚と力強さにあふれている。近傍のSOMの設計による「ブルジュ・カリファ」の細身の華麗さに対して、ヴォリューム感あふれるマッシブなデザインによる意欲的な表現であり、世界級の設計組織として、引けはとるまいというアトキンスの気概が伝わってくる。

ジ・アドレス

The Address Downtown Dubai

加えて、ホテルのインテリアはアール・デコの現代的なアレンジとアラブ世界の土着の地勢的なテーマを重合させて、際立った印象を与えている。

夜景のライトアップも実に繊細だ。下層部だけを茶色系統のアースカラーで照らしだし、頂部はホワイトを基調に壁面の凹凸を漆黒で縁取り、量塊感を強調した仕立てをとっている。

昼間は金属質のシルバーが印象的な基壇部が、夜間には砂漠から立ち上がったようなアースカラーに変身する演出は、24時間を通しての「見え方」へのこだわりが伝わってきて興味深い。ドバイにおけるベスト・デザインの超高層ビルのひとつだ。

O-14

B5
O－14

高さ300メートルを超す超高層ビルが日常化しているドバイにあって、24階建て、100メートルそこそこの「O－14」（2010年完成）はさほど目立つ存在ではない。しかし、建物の躯体は柱のない分厚い外壁をシェルターとし、その外壁から90センチ奥まったところにガラス窓を配することによって、建築全体の断熱効果を高めている。

熱射と砂塵の環境のドバイでは、どうしても、高性能複層ガラスとエアコンディショニングに頼りがちだが、若手の建築家ライザー＋ウメモトが手がけたこのオフィスビルは、建築の仕立てそのものをパッシブなエネルギー対策を意識した構成にすることにより、ドバイのオフィスビルのあり方に一石を投じた。

外壁にうがたれた小穴は5つのタイプがあり、総数は1326を数える。このトリッキーな小穴は建築の外装に変化をつけるとともに、オフ

ィス内から屋外への視線も確保し、太陽の位置の変化でインテリアに多彩な陰影ももたらす。

高層棟と低層棟を中空で結ぶ3本のガラス張りの回廊が、外壁を貫通する仕立ても、ドバイにはなかった新機軸で、世代交代の手応えを実感できよう。

考えてみるに、高さ100メートルを小規模と記したが、この数値は日本における超高層ビルのひとつの「基準」であり続けている。わが国で若手建築家が同スケールの高層ビルを手がける機会は皆無に近い。そのことひとつとってもドバイの建築活動が超絶スケールであることを実感する。もし、この多孔体の高層ビルが、例えば、あのわが国最初の超高層「霞が関ビルディング」の立地に出現したら、どんな反響があるかを考えれば、わたしたちの発想がいかに「縮み」から抜け出せないかも認識できよう。

B6
ジ・インデックス

ノーマン・フォスターによる２０１０年完成のこの80階建ての超高層ビルは、中層の25階分がオフィスにあてられ、高層の47フロアが住宅となっている。住宅の戸数は５２０にも達している。平面配置は、東西軸を基準に決められ、砂漠とアラビア湾への眺望を確保するとともに、現地の太陽の軌道も考慮して、太陽熱の負荷の軽減もはかったという。

　正面からの外観は、頂部が基壇部に比べて細

The Index
ジ・インデックス

く、全体のシルエットは台形におさめられている。中央の3連の開口部の造形は、熱射を遮る水平方向のシェードの上下方向の積み重ねで強く刻印され、世界中で超高層ビルを手がけてきたフォスターらしい手慣れた技量を感じさせる。足元の外構の仕立ても、滝、池、石のプレートなどすべてが抑制されたモダニズムの美しさが支配して好もしい。

オフィス部分は柱なしの空間が広がっており、企業ごとのニーズの違いに柔軟に対応できるようになっている。このあたりも、常にオフィスビルの建築においてトップランナーであり続けているフォスターならではといえるだろう。

過剰な表現のシルエットの超高層ビルの林立するドバイ臨海部の他の地区と異なり、このフォスターのジ・インデックスとアトキンスのジ・アドレスの二つの洗練されたデザインが織りなす景観は、ブルジュ・カリファの存在感と相まって、一帯の品格を高める効果をもたらしている。

B7 ワールド・トレード・センター

1979年にシェーク・ラーシド・タワーとして竣工。ドバイの超高層建築は、このビルから始まった。

低層の展示ホールとコンベンションホールを核とする複合施設。空港から車で10分の立地を生かして、ドバイ経済発展のための催事を開催

ワールド・トレード・センター

Dubai World Trade Centre

してきた。外壁にアラブ文様は施されているが、建築としては今日のドバイからすれば手堅さに徹している。高性能複層ガラスのない時代の建築であり、彫の深い美しい外観は、日除けの効果を考慮した結果としてもたらされた。

２００９年には敷地の一角にアリーナと呼ぶ曲面ガラスの新展示ホールを増築し、展示施設の総床面積は2万５０００平方メートルに達している。

建築関係では、毎年秋にシティ・スケープ展を開催して、ドバイの意欲的なプロジェクトを展示し、「次はどうなっていくのか」と世界の耳目を集めてきた。その点では、摩天楼とリゾートの同居するドバイを、ブームタウンとして世界に発信した「意義ある場所」と位置づけられる。この催事においてナキール、エマールという2つの政府系ディベロッパーは競い合うように、コンピューターグラフィックスとリアルな模型を駆使したドバイの未来図を提示することに意欲的だった。

会場に詰めかけた外国人投資家、ファンドマネジャー、企業家たちが、熱い視線を送ったその夢が、２００９年のドバイ・ショックを乗り越えて再び実現の軌道に乗るのか。エマールが地歩を固めつつあるのに対し、一方の雄だったナキールが開発の担い手としての主導権をいっとき放棄せざるを得なかっただけに、今後の成り行きに目が離せない。

Jumeirah Emirates Towers Complex

エミレーツ・タワーズ

B8エミレーツ・タワーズ

急傾斜の片流れの屋根の二つの超高層ビルが向き合う姿は、シェイク・ザイード・ロードで最初に認識された「ドバイの摩天楼の都市景観」だった。ナショナル・フラッグ・キャリアとしてのエミレーツ航空は、世界の主要都市とドバイを結び、各地の投資家や富裕層を運んできた。ドバイに投機的な芽があるとの認識を地球規模で植えつけたエミレーツの功績は大きい。その本拠を双子(といっても高さはかなり差がある)の超高層ビルで、都市のイコンとしたのも効果的だった。

354メートルの高いほうがオフィス棟(エミレーツ・オフィス・タワー)であり、309メートルの低いほうがホテル棟(ジュメイラ・エミレーツ・タワーズ・ホテル)となっている。ホテルの利用者はビジネスマンであり、富裕層や観光客を想定したリゾートの高級ホテルとは棲み分けがなされた。

デザインは、レイト・モダンのすっきりしたもので、近年の建設ラッシュのこれでもかと自己主張する超高層ビル群とは一線を画している。ビジネス客に抵抗のない、たたずまいだ。竣工から歳月を経て、植栽が大きく育ち低層の駐車場棟はほとんど気にならなくなった。

このツインタワーの足元のランドスケープ整備の手法は、その後のドバイにおける超高層ビルの緑の配し方の先駆例にもなった。躯体のガラスの反射熱を吸収するためにも、水をたたえた小さな森のようなランドスケープが熱射の地では不可欠であり、それを開発側が必須のものと考えることを定着させた。

ドバイを貫通するシェイク・ザイード・ロードから沿線の各ビルへのアプローチは、限られた出口を利用するため時間を要するが、さすがに国策航空会社だけに専用のレーンが設けられており、空港からの宿泊客をスムーズに導き入れている。

B9 ドバイ国際金融センター

証券取引所を含む「ドバイ金融センター」の「ゲート」（2004年完成）と呼ばれる中央の建築の外観を見たとき、あけすけな姿に気恥ずかしさを覚えた。なにしろ「凱旋門」そのものだからだ。

高さ80メートル、パリの凱旋門より30メートル高いが、同じパリの新凱旋門、ラ・デファンス新都心の「グランド・アルシュ」より20メートル低い。だから高層というほどでもないが、周囲に低層の6つの建物を従えて建つその姿は、強烈なインパクトがある。

そのうえ設計事務所が世界のオフィス建築を企画しているゲンスラーと知ってもっと驚いた。奇抜な表現とは縁遠いオフィス建築の先導者が、ドバイにおいてはここまでやるのか（いや、やらされるのか）と考え込まされたのである。

確かに、ドバイは凱旋門を造る資格があるほど、「勝利」したのである。物流、観光宣伝、そして、不動産投資の誘発を世界に対して仕掛けて、21世紀の「最初のブームタウン」となった。中東の金融センターといえばレバノンだったが、ドバイの速度感のある経済の興隆は、その座を奪ってしまった。

　ゲンスラーのデザインした外壁は、控えめで規則的な図形は配されているが、19世紀パリの本家のような具象彫刻などはなく、さすがに上質なモダンデザインにおさめられている。幾何図形に徹しているのは、やはり、ここが中東だからであろう。この凱旋門のゲートの間からエミレーツタワーが見え、さらに2棟のエミレーツタワーの間にワールド・トレード・センターも遠望できる。視線のビスタ軸として美しい。

ドバイ国際金融センター

Dubai International Financial Centre

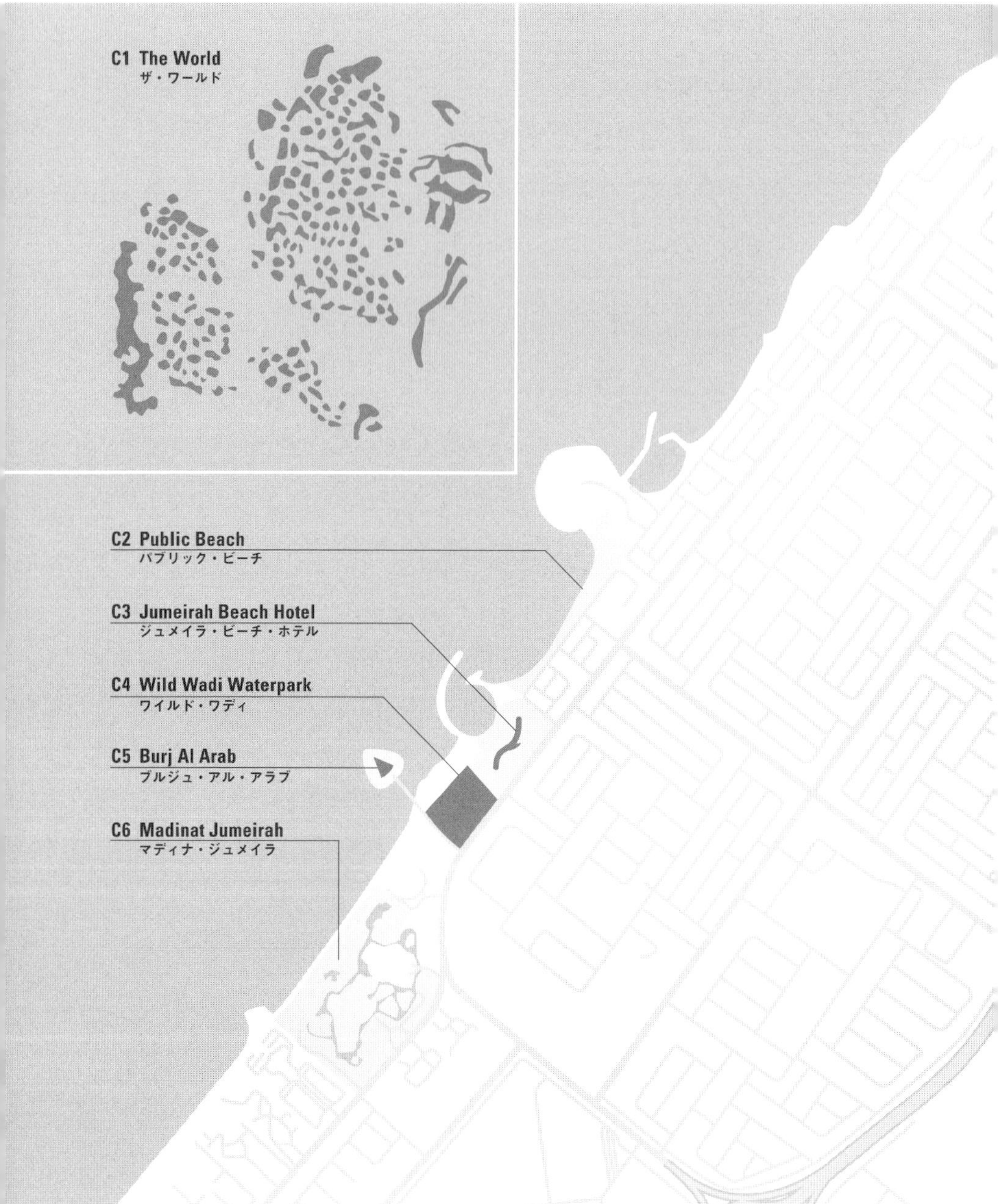
C1 The World
ザ・ワールド
C2 Public Beach
パブリック・ビーチ
C3 Jumeirah Beach Hotel
ジュメイラ・ビーチ・ホテル
C4 Wild Wadi Waterpark
ワイルド・ワディ
C5 Burj Al Arab
ブルジュ・アル・アラブ
C6 Madinat Jumeirah
マディナ・ジュメイラ

C 帆と波のリゾート地区　海辺の醍醐味

１９９０年代後半以降の、ドバイの「それまでどこにもなかった都市の構築」は、このジュメイラ・ビーチ・リゾートの整備に始まる。真珠をはぐくむコバルト色の海。強烈な陽光のもと、珊瑚礁の砕けた砂が真っ白な絨毯となって砂浜を覆っている。欧米人の考える「絵に描いたような南国のリゾート」のイメージが、魅力的な実写の広報写真とともに世界中に伝播していった。だが、まだ摩天楼都市は姿を現してはいなかった。目新しい中東の「楽園」が多くのひとびとの目を奪ったのである。

純白の帆掛け船と白波。コバルトの海面を挟んで向き合う二つのホテルが、そこでは主役をつとめた。ホテル「ブルジュ・アル・アラブ」と「ジュメイラ・ビーチ・ホテル」がそれである。なかでも、英国の設計事務所アトキンスが手がけた「ブルジュ・アル・アラブ」の帆船の帆を連想させる外観は、今なお、ドバイといえばその姿をまず思い浮かべるほど強烈な印象を植え付けた。

すでに、モダニズムの形骸化はきわまり、ポスト・モダンも通過した建築表現は、単純な表象に活路を見いだそうとしていた。差異への拘泥ではなく、一目で伝達すべき対象物を理解させる表現の採用である。１９９０年代の米国ラスベガスにおける、いわゆる「ポピュリスト・アーキテクチャー（大衆迎合建築）」の成功体験が、この中東の地に飛来して開花した。わかりやすさこそが求められたのである。

波をかたどった「ジュメイラ・ビーチ・ホテル」も、中東のお伽噺の主人公ユハをメインキャラクターにしたテーマパーク「ワイルド・ワディ」も、そして、これもいかにも中東風の人工のクリークをボートでフロントから客室まで移動する「マディナ・ジュメイラ・ホテル」も、すべてが誰もが一目でわかるようにポピュリズム＝大衆迎合を徹底している。そのとっつき易さこそが、沸騰都市構築の原点だったのである。

C1 ザ・ワールド

ジュメイラ・ビーチの沖合に300もの人工島を建設するリゾート開発。上空から見ると島の配置が「世界地図」に見える仕掛けで、それぞれの世界地図上の位置に合わせて、島には国名が付けられている。人工島のひとつ「英国」をヴァージン・グループの総帥リチャード・ブランソンが購入したというような付加価値を強調する宣伝が繰り広げられている。

人工島の広さはまちまちで2万3000平方メールから8万3000平方メートル、概ね50~100メートルの間隔で海上に浮かんでいる。人工島群が描く世界地図の大きさは6キロ×9キロだから、「地図に残る仕事」である。個々の島は、プライベートアイランドとして分譲される計画であり、世界のセレブリティを顧客として想定している。陸上と人工島群を結ぶのは、海上交通のみで、利用者はクルーザーなどで自分の島に乗り付けることになる。

ザ・ワールド

The World

ドバイ・ショックの影響で開発が中止になるのではとの観測もあったが、レバノンに相当する島に、ビーチ・クラブが開業するなど、ささやかにしても整備への一歩を踏み出しつつあるようだ。ホテルもオープンすれば、観光の大きな目玉となるのは確実で、ドバイの今後を占う試金石の意味合いも帯びたプロジェクトだ。

C2 パブリック・ビーチ

ドバイの海岸に広がる砂浜の多くが、プライベートビーチ、すなわちホテル宿泊者のための場と化してしまっている。それに対して、わずかではあるが、公共所有で、誰にでも開かれた「パブリック・ビーチ」が設けられている。

プライベートビーチの多くが、冷たい飲み物を供するソーダ・ファウンテンや周囲の目と熱射の太陽光を遮断するテントなどの施設が揃っているのに対して、「パブリック・ビーチ」にはなにもなく、ただ砂浜が広がっているにしか

パブリック・ビーチ

C2
Pubric Beach

すぎない。

それでもジュメイラ地区の「パブリック・ビーチ」に足を運んでみると、そこそこの人出に驚かされる。みんな、何をしているでもない。独りだったり、グループやカップルだったり、海岸と歩道を隔てる低い仕切りの壁に腰掛けて、海の彼方を見やっている。視線の先には、リゾートの核である「ブルジュ・アル・アラブ」や「ホテル・アトランティス」などが遠望できて、ドバイらしい風景を楽しむことができる。

すべてを商業主義、業務志向で進めてきたドバイの都市整備において、「ジュメイラ・パブリック・ビーチ」の盛況を目の当たりにすると、ドバイが成熟していくには、今後はこのような市民に開かれた場の整備こそ重要との認識に至る。

C3 ジュメイラ・ビーチ・ホテル

波をイメージさせる巨大なミラーガラスの外壁は、曲面にひねりも加えた大胆さで目を引く。波の造形は、ドバイが海洋交易都市であった伝統を尊重して選ばれたという。オーナー企業は、帆の形をした「ブルジュ・アル・アラブ」と同じで、両者の個性的な外観は、アラビア湾の水面上で見事に呼応しあい、リゾート都市ドバイの宣伝に大いに貢献した。

設計を担当した英アトキンスは、このホテルの外観は、オーストラリア・シドニーのオペラハウス、ニューヨークのグッゲンハイム美術館に匹敵する象徴性を達成したと胸を張る。マリーナ越しにプライベートビーチを足元に控える姿は、摩天楼都市としてのドバイよりは、むしろ、米マイアミのリゾートを連想させる。曲面の巨大壁面と交差する妻壁は、太い構造材が連なっており、１９６０年代の、例えば、丹下健三の代々木の体育館に通じるようなメガストラ

ジュメイラ・ビーチ・ホテル

C3 Jumeirah Beach Hotel

Wild Wadi Waterpark

ワイルド・ワディ

クチャーの仕立てをとっており、特異な外観を実現するために、大胆な構造の挑戦が企てられたことを物語っている。

「ブルジュ・アル・アラブ」が富裕層を標的にしているのに対し、こちらは欧米からの滞在型の家族客を想定したリーズナブルな宿泊料金が設定されている。近傍のウォーター・パーク「ワイルド・ワディ」が、宿泊者なら無料で利用できるのも、ファミリー層の根強い人気を支えている。

C4
ワイルド・ワディ

ウォーター・パークというのは、日本人にはそれほど親しみのある存在ではない。しかし、酷暑のドバイでは存在価値は大きい。ジュメイラ・ビーチ・ホテルは、客寄せの決め手として、約5ヘクタールの敷地を割いて、巨大な「水の王国」を完成させた。

パーク全体の仕立ては、アラブの要塞を思わ

せる砂色の空間。メイン・キャラクターは、アラブの民話の主人公ユハで、施設群を縫うようにウォーター・ライドやプール、水路が走っている。いかにも砂漠にありそうな仕立ての建築群に、毎時5万立方メートルもの水が注ぎ込まれ、さまざまなアトラクションが展開される。

32メートルの高さから120メートルの急なスロープを時速80キロで滑り降りるウォーター・ライド。恐怖心を抑えて乗り込めるか、まさに肝試しのアトラクションだ。中東最大の造波プール（波の高さは1.5メートル）もあれば、プロのサーファーが腕前を競い合う波乗りプールも揃っている。

摩天楼が林立するドバイを「砂漠の蜃気楼都市」と呼ぶが、緻密に計算された水の空間を、生身の身体で滑り抜けるリアリティこそが「ワイルド・ワディ」の何よりの魅力だ。企画者の鋭い感覚は称賛に値する。

C5 ブルジュ・アル・アラブ

コバルトの海にぽっかりと浮かぶ白い帆。ながくドバイのアラビア湾交易を担ってきたダウ船の帆が、この超高層ホテル建築の外観に選ばれた。これほど遠望の姿を繰り返し配信された建築も他にはないだろう。陽光が燦々と降り注ぐ昼景であれ、星を散りばめた青黒い夜空を背景とするライトアップの情景であれ、ドバイといえば判でついたかのように、このホテルの遠景が使われた。

水面に浮かぶ危うさと純白の躯体の取り合わせが、「この世のものなのか」というリゾートに欠かせない非日常的な印象を振りまいたからである。公有水面であっても、自由に埋め立てて事業のできる規制の寛容さが、英国の設計事務所アトキンスの思い切った造形を下支えしている。確かに、ドバイはアイデアあふれる企業家には「自由の土地」なのだ。発光体に変貌する夜はアラビア・ランタンを連想させ、昼夜で

ブルジュ・アル・アラブ

Burj Al Arab

表情が一変するのも魅力となっている。

外壁の帆に見える部分は膜体構造で、側面から眺めるとガラス越しに構造を支える斜めのブレイスが目に入る。吹き抜けのインテリアは海中を連想させる不思議なイメージで、それにはテフロン幕を通して射し込む自然光が一役買っている。

一見、大味だが、立地と高さの関係は周到に決定されており、建物の影が岸辺のプライベートビーチにかからぬように配置されている。足元の八角型の波消しブロックも美しい。かつてこの地で営業していたシカゴ・ビーチ・ホテルの後継施設として、1994年に沖合の埋立工事を開始、1999年暮れの完成までに5年を要した。56階建て、客室202室が全てメゾネットタイプで、下階は居間やキッチン、上階が寝室に当てられ、アラビア湾や砂漠が一望できる。

Madinat Jumeirah

マディナ・ジュメイラ

C6 マディナ・ジュメイラ

ビーチに近い敷地に蛇行した形で穿たれた人工のクリークに、適度な密度で施設が配されている。ホテル、ショッピングモール、レストラン、バー、スパなど、リゾートホテルが備えるべき用件はすべてが満たされている。ホテル部分は、「宮殿」「平和の港」「夏の別荘」の三つのテーマに沿って構成された。遠望すると、まるで、ひとつの村のように見える仕立ては、設計者の手慣れた手腕をうかがわせる。プールに飛び込み、ソーダ・ファウンテンで冷たいものを喉に流し込む。リゾート気分を味わう施設として上出来の仕立てだ。

施設内の移動は、原則的に本家のドバイ・クリークにならった渡し船（アブラ）を利用する。宿泊者はいながらにして、ドバイの歴史地区のミニチュアを楽しめる。

酷暑期には気温が摂氏50度を超える環境にあ

って、こうした滞在型のリゾートは、欧米からの観光客に受けがよい。

歴史地区のオールド・スークに紛れ込んだのではと錯覚するような、木組みの構造がショッピングゾーンの頭上に組み上げられている。5キロほど先に本物がある「原典」を再現しているわけだが、楽しみに来るところであり、快適な非日常の休日が約束されるのだから野暮はいうまい。

この人工島の航空写真ほど強烈な図像の現代の造営を見たことがない。「パーム」と冠しているように、地面に映った椰子の木の樹影をそのままかたどって、アラビア湾に人工島が造られた。最初に見たとき、ナスカの地上絵さながら、誰がなんのためにと考えさせられた。次にリゾート開発だと知ると、ドバイはなんと桁外れなことをする都市だと驚かされた。

陸上の岸辺から、椰子の木影のてっぺんまでが4・8キロほど、幹から伸びる一番長い葉が1・8キロ、椰子の木全体を囲う外周の楕円の島の長径は5キロ以上もある。防潮堤の長さは11キロに及び、ナキールの幹部の話によると、首長から「ドバイの海岸線を倍増させる」よう指示があったという。それはまさに地形を変えてしまう一大観光開発だった。

観光施設は外周の楕円の島に配され、葉にあたる内側の島には一戸建て住宅、幹の根元に集合住宅が、それぞれ群として配された。「パー

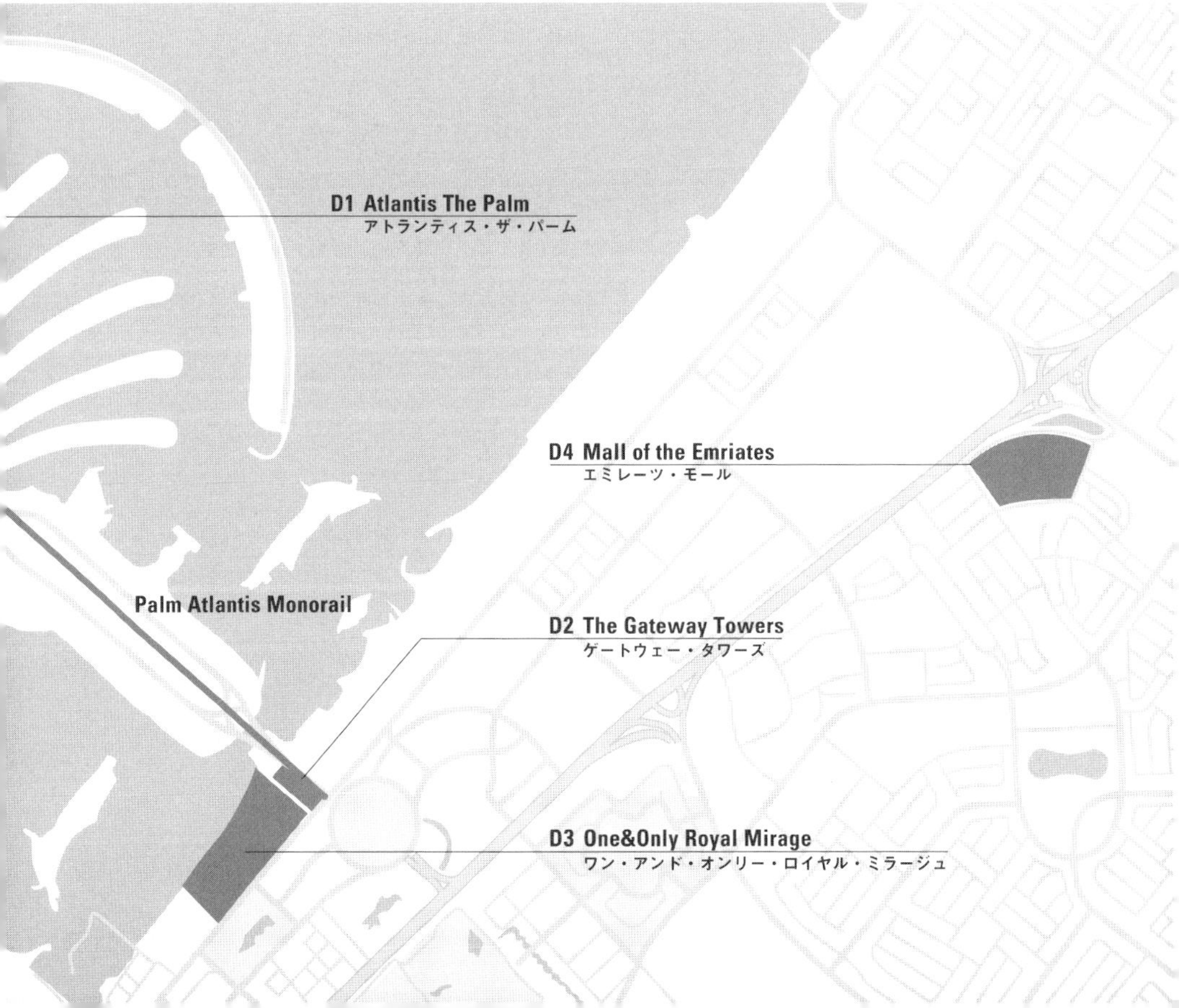

ム・ジュメイラ人工島」は観光開発でありながら、投資目的の欧米の顧客に別荘を販売するプロジェクトという「もうひとつの顔」を持つ。

陸地からの視線のちょうどアイストップの位置に、高級リゾートホテルの「アトランティス」が鎮座している。このホテルに行くためのモノレールも開通し、「夢」としか思えなかった計画は現実のものとなった。

これを企画したディベロッパー「ナキール」はドバイ・ショックで経営が行き詰まったが、「パーム・ジュメイラ人工島」の整備は進められてきた。一方、さらに西側の海辺に立案した、もっと大きな人工島パーム・ジェベル・アリに投資を呼び込む戦略はいったん頓挫した。

そうした失速の経緯はあっても、パームの外周の突端に新たなホテルが開業するなど、回復の軌道をとりつつある。ドバイの明日を占う場として注目したい。

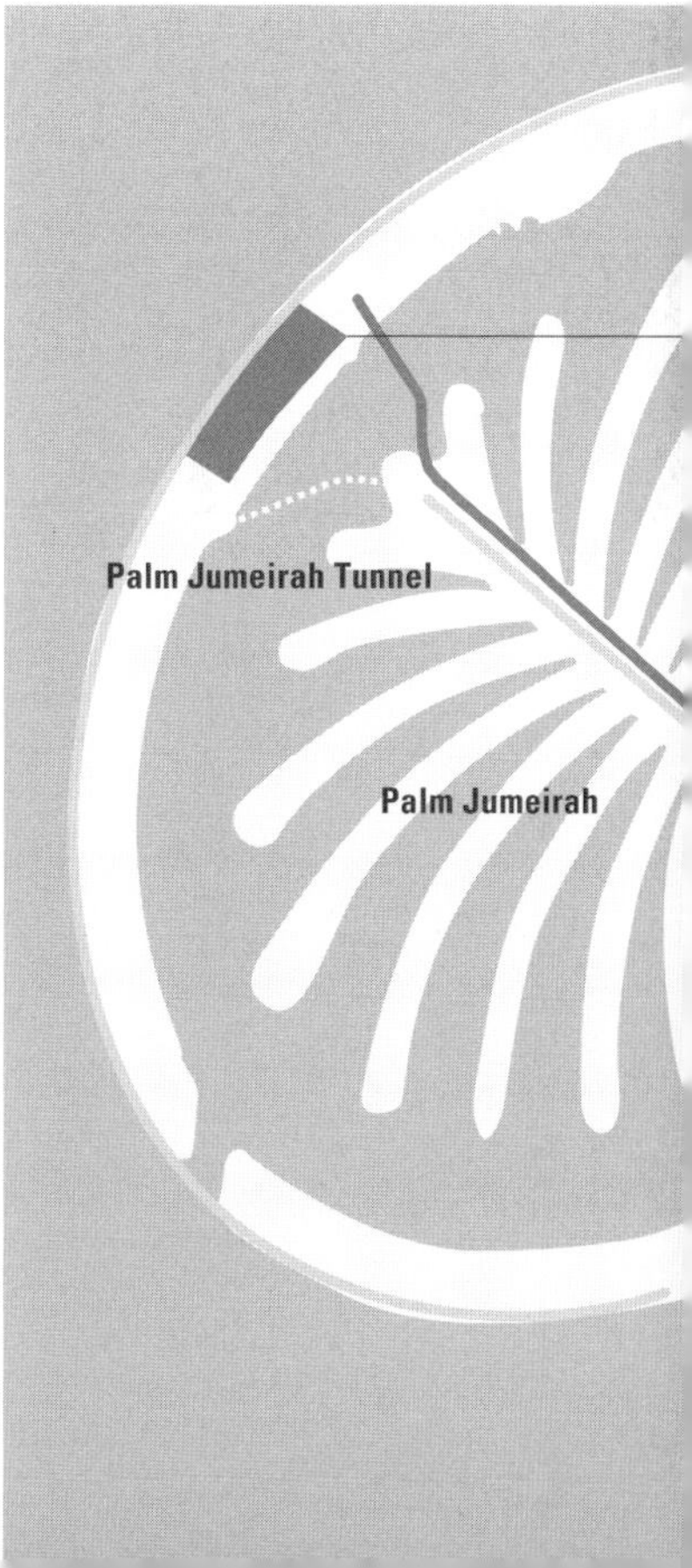

D 椰子の葉陰のリゾート地区 海中の疑似遺跡探訪

D1 アトランティス・ザ・パーム

古代に大地震と洪水で、海中に沈んだとされる大陸「アトランティス」をテーマにした高級リゾートホテル。同じくアトランティスを名乗るほぼ同仕様の外観のホテルが、カリブ海のバハマのナッソーにある。いずれも所有者は南アフリカでリゾート開発を成功させたソル・カーズナーが率いるカーズナー・インターナショナル。カーズナーは「バハマの成功を顕彰するために、ドバイでもアトランティスを造った」と語る。ただ本家はファミリー向けで、高級指向のドバイとはターゲットが異なる。

ドバイのアトランティスは、建物の中心を貫く大アーチをイスラム風に仕立て、建築の細部に、ムーア風(ムーア人は北アフリカのイスラム教徒)やアラブ風を加味した。スペインの画家が描いた古代神話をイメージさせる壁画も売り物だ。水没した大陸を連想させる「アンダー・ウォーター・スィート」と命名した特別宿

泊室も目をひく。水族館の水槽と大きな窓で隣り合わせで、自室にいながら、水中に置かれた遺跡を思わせるオブジェを眺めて、伝説の大陸の雰囲気を堪能できる。

ホテル付属のウォーターパークのスライダーの起点となる施設は「ジグラット」とメソポタミア風の命名がされているが、これはバハマのマヤのピラミッド風のものに、イスラム風の細部を付加したものという。ともあれ、バハマと瓜二つのこのホテルの姿は、ドバイを象徴するイコンとして世界の多くのひとに認知されている。

観光資本の国際化、共有されている物語を踏まえた施設の構築など、ディズニーからラスベガスへと続く「テーマホテル」の流れの極限の姿がそこに見いだされるだろう。ちなみに、カーズナーは、ジュメイラ・ビーチの「ワン・アンド・オンリー・ロイヤル・ミラージュ・ホテル」のオーナーでもある。

アトランティス・ザ・パーム

Atlantis The Palm

D1

ゲートウェー・タワーズ

D2
ゲートウェー・タワーズ

ドバイの政府系ディベロッパー、ナキールは、ドバイ・ショックで経営が行き詰まったが、同社の進めた「パーム・ジュメイラ人工島」に「アトランティス・ザ・パーム」が完成し、そこへのアクセスのためのモノレール建設だけはどうしても実現せねばならなかった。

このため、陸地側でモノレール発着駅を下階に収容することになっていた超高層「ゲートウエー・タワーズ」は計画が縮小され、モノレール駅を含む14階建ての中層ビルに計画変更された。

モノレールは海に向かって椰子の幹の中央に設けられた高架上を行き来する。リゾート客は陸地とアトランティス間の移動を公共交通でまかなえるようになった。

厳しいセキュリティもあって、椰子の影の姿を拝もうとしても、一帯の高層ビルに昇ることは出来ない。このため旅行ガイドブックには、

高さは不足でも、モノレールに乗って樹影を確認するのが、手軽に眺望を楽しむ方法だと記されている。

もとの計画では、3本の超高層ビルを建て、モノレールの陸側の「ゲート」となるはずだったが、14階の低層ビルにシンボル性はなく、日本の郊外のありふれた商業施設と変わらない姿だ。押せ押せでやって来たドバイの一頓挫を連想させる光景である。

D3 ワン・アンド・オンリー・ロイヤル・ミラージュ

首長の邸宅を思わせるような抑制されたアースカラーの外観ひとつとっても、ドバイの数多のホテルのなかで、建築に関わる者としてここに来ると心が落ち着く。建築を構成する垂直線と水平線は正確に90度で交差し、輪郭線もぶれることなく厳格な直線で仕立てられている。中庭に面したとんがりアーチの窓は、アラブの伝統的な図像を踏襲しながら、過去に媚びることなく現代建築の表現として見事な水準に到達している。

宮殿、レジデンスとスパ、そしてアラビア風中庭の三つの部分で、全体は構成されている。海辺に向かって広がる緑地のあちこちには、やはり規律正しい幾何学で設えられた人工池が軸線を踏まえて配置され、踏み石も揺らぐところがない。すべてが西洋近代のモダニズムというフィルターを通して実現した現代の土着の空間なのである。

アラブの伝統的な建築への称賛を形にしたとデザインチームは述べている。そして、またアラブの歴史的な蓄積と西洋からの影響を考慮して構成したとも記している。その結果、このホテルは「20世紀初めのアラブの建築へのオマージュ」になったというのである。

ここで想起するのは歴史地区に残る「シェイク・サイード・アル・マクトゥーム・ハウス」

ワン・アンド・オンリー・ロイヤル・ミラージュ

One&Only Royal Mirage Dubai

D3

であろう。19世紀末の「アラビック・モダン」とでも呼ぶべき邸宅は、アラブの伝統とモダニズムを両立させて、現代の訪問者を驚かせる。
設計趣旨がうたう20世紀の幕開けという時代設定がそこに重なるのであり、「シェイク・サイード・アル・マクトゥーム・ハウス」と同じ感覚が、このホテルには息づいている。
ホテル内部を歩くと、足元のモザイクタイルのアラビア文様の美しさに目を奪われる。それらのすべては幾何学的な図像で占められ、具象表現は皆無だ。モダニズム以後の現代建築にとって、アラブの表現が今後参照の対象となりうる可能性がそこに見て取れる。

D4　エミレーツ・モール、スキー・ドバイ

数あるドバイのモールのなかで、「標準的」な存在だが、その分、定番的なアメリカのモールのよい意味で枯れた空間とスケール感覚が安寧の雰囲気をもたらしている。ドバイの摩天楼都市としての発展の出発点となったエミレーツの2本の超高層ビルとは距離があるが、落ち着いたたたずまいゆえに存在感を増している感もある。

ここの売り物は、中東の熱暑のなかでスキーを楽しめる「スキー・ドバイ」を併設しているところ。バブル時代に千葉県船橋市にあった人工スキー場「ザウス」と同発想の施設だ。ちなみに「ザウス」とは「SSAWS」であり、それは「Spring Summer Autumn Winter in Snow」の頭文字をとったものだ。「いつでもスキー」の施設が、ドバイにも出現し「砂漠でもスキー」になったのは興味深い事態だ。

滑降のためのスロープの高さは85メートルも

エミレーツ・モールの「スキー・ドバイ」

Mall of the Emirates

あり、最長滑走距離は４００メートルに達している。スケート場はアメリカのモールでよく見られるが、スキー場は例がなく、それがドバイに登場したわけだ。いかにもスロープをなかに持っているという外観は、ＪＲの車窓から眺めた船橋で異彩を放ったが、バブル崩壊後、姿を消してしまった。その印象的な姿を、もう一度ドバイで拝めるのはなかなか面白い。

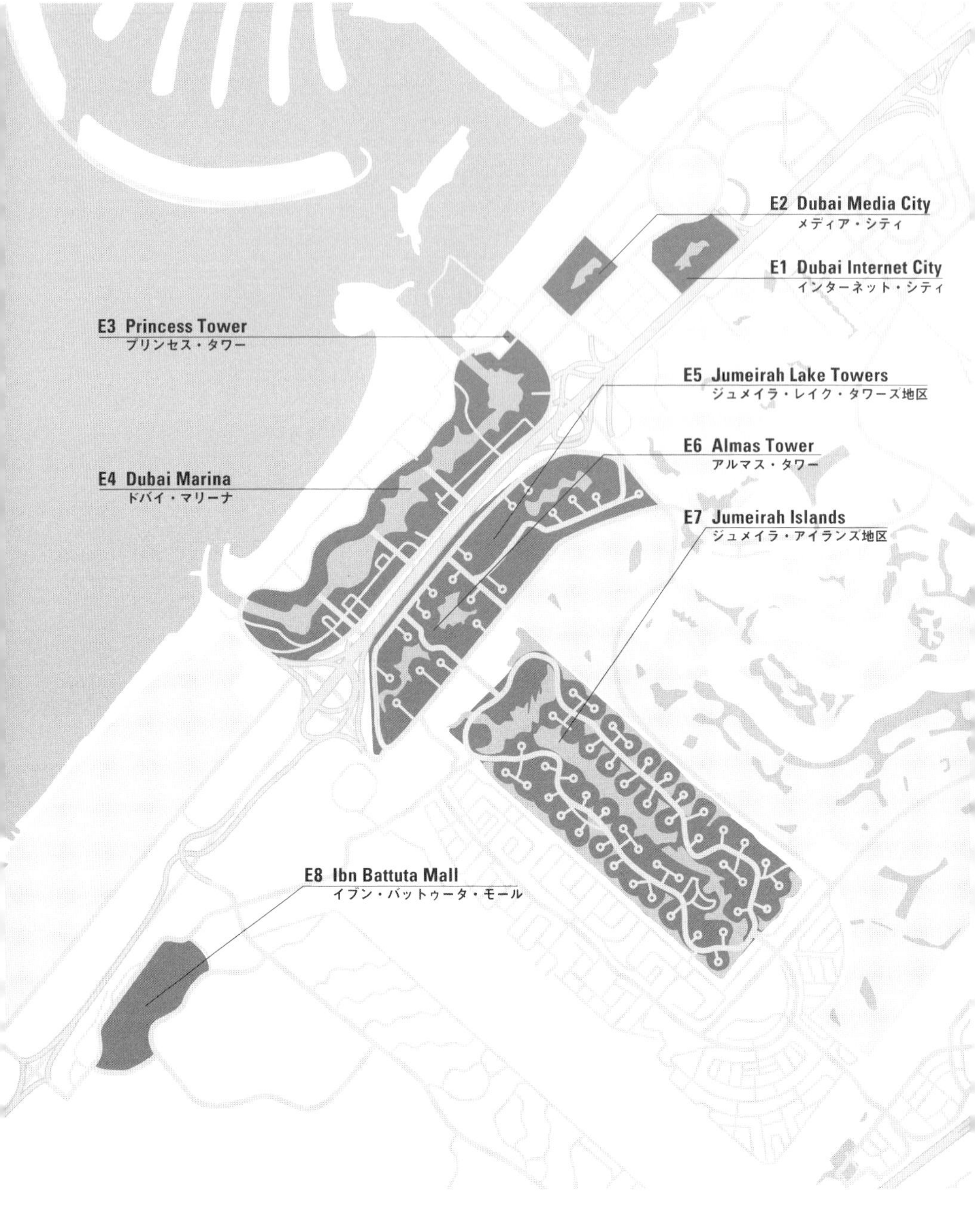
E2 Dubai Media City
メディア・シティ
E1 Dubai Internet City
インターネット・シティ
E3 Princess Tower
プリンセス・タワー
E5 Jumeirah Lake Towers
ジュメイラ・レイク・タワーズ地区
E6 Almas Tower
アルマス・タワー
E4 Dubai Marina
ドバイ・マリーナ
E7 Jumeirah Islands
ジュメイラ・アイランズ地区
E8 Ibn Battuta Mall
イブン・バットゥータ・モール

20世紀都市の常識からすると、あたかも、「速度違反」をいとわず超高層ビルをならべてきたドバイ。その印象を一変させるのが、「パーム・ジュメイラ人工島」の根元の西側の海沿いに広がる超高層街区「ドバイ・マリーナ」だ。人工の入り江に摩天楼の林立する姿は、ドバイの旺盛な都市力を感じさせるが、その足元は歩行者のためのプロムナードに丁寧に仕立てられ、世界のウオーターフロント開発に比肩する水準の屋外空間を実現している。

「ドバイ・マリーナ」とシェイク・ザイード・ロードを挟んで向き合う「ジュメイラ・レイクタワーズ」は、満々と水をたたえた人工池に面した超高層街区となっている。さらに「ドバイ・マリーナ」に近いシェイク・ザイード・ロードの海側には海外メディアやIT企業の集まる「メディア・シティ」と「インターネット・シティ」が、やはり水辺に緑を揃えて配置され、ドバイに抱きがちな「茫漠たる空間」のイメージを払拭することに成功している。

投資と物流の都市から、そこにきちんと住まえる新住民のための生活の場へ。超高層都市の活力を保ちながら、ドバイはしたたかに都市を西へと延伸させ、もうひとつの「落ち着いた顔」を持ちつつある。

資本の尽きることのない生命力を感じさせる点で、摩天楼の林立する景観は「都市観光」の資源として魅力的だ。リゾートと歴史地区が観光資源だったドバイに、「ブルジュ・カリファ」以降は、そうした都市観光を期待するひとびとが世界から押し寄せつつある。「ダウンタウン・ドバイ」だけでは、彼らをリピーターとして取り込むのに手が回らないとしたら、この西へ伸びた「戸外の水辺を散策できる摩天楼街」は新たなドバイの魅力であり、さらには21世紀都市のひとつのお手本として、大いにアピールできるだろう。「沸騰都市」にしては、意外に堅実なアップグレードの道をたどっている。

E 人工運河街区 フリーウェー、西へ

Dubai Internet City

インターネット・シティ

E1インターネット・シティ

広大な敷地に20棟近い中層のオフィビルが、人工池の周囲の緑地に面して配置されている。マイクロソフト、IBM、ノキア、オラクルなど、世界の代表的なIT企業の研究施設である。低層のミラーガラスの仕立ては、1990年代の米シリコンバレーなどでよく見かけたものだが、それはそれで研究施設としての安定感がある。

なによりここが画期的なのは、この共有されている池の水辺と緑地が一般に開放されているところである。砂漠のドバイの屋外は歩行に適さないうえに、施設の多くが、セキュリティーの観点から、足元の緑のランドスケープへの外来者の立ち入りを拒んでいる。インターネット・シティで、芝生を横切り、池に架けられた小さな橋を渡ると、ちょっと救われたような気持ちになる。

親水と歩行者のための緑地。他の国のオフィス街では当たり前のことが、貴重になってしまうドバイは、その意味でも「規格外の都市」なのかも知れない。それでも、時間を掛ければ緑豊かな都市空間はできる。そのことを安寧の緑地は物語っている。

E2 メディア・シティ

ドバイが投資先を世界に求めるにあたって、情報発信は重要な戦略のひとつだった。CNNをはじめ、世界のメディアの中東拠点をドバイに集めるために、メディア・シティが設立された。中東メディアの代名詞でもあるアルジャジーラが依然カタールのドーハを本拠にしているのが残る課題だが、かなりの海外局がここに集合し、まずまずの成果をあげている。

インターネット・シティと同様に総ミラーガラスの抑制の効いたモダニズムの中層のオフィスが勢ぞろいしている。それらの施設は豊かな水をたたえた巨大な人工池に面しており、ここもまた希少な公開された歩けるランドスケープとなっている。池には小さな浮島のショップとギャラリーがあり、岸辺には街路樹が植えられ、砂漠の気候を一瞬、忘れさせる仕立てになっている。

メディア・シティ
E2
Dubai Media City

E3 プリンセス・タワー

ドバイ・マリーナの一角に聳え立つ超高層集合住宅。高さ414メートル、地上101階、地下6階、2012年の完成当初、居住用の建築としてはギネスから「世界最高層」と認定された。ドバイでも、「ブルジュ・カリファ」に次いで、「2位」の高さを誇る。その「プリンセス・タワー」は頂部にドーム屋根を持ち、さらに尖塔を伸ばしている。

公式のウェブサイトでは、足元からサーチライトが光線を放ち、黄金色に染められたタワーが、砂浜越しに輝くイラストが掲載されている。1930年代の米マンハッタンのアール・デコの時代を想起させるプレゼンテーションだ。この建物の基壇部、胴体、頂部が順にセットバックしていく構成は、やはりアール・デコの摩天楼を連想させ、ポスト・モダン後の超高層のひとつの典型的なあり方を踏襲している。

このタワーのロビーエリアを見たが、大理石

プリンセス・タワー

Princess Tower

E3

をふんだんに使った内壁、ヴォリューム感のあるソファ、金ぴかのシャンデリアなど、仕上げの豪華さをうかがわせた。飛び抜けた販売価格に見合った内装を心がけたのであろう。

建ぺい率が100パーセントではないかと思えるほど、敷地に余裕を残さない形で建物のフットプリントが道路境界線いっぱいまで占拠している。それでも、ドバイ・マリーナまでそれほどの距離もなく、水辺の高層住宅らしい眺望が楽しめる。

E4 ドバイ・マリーナ

椰子の葉のシルエットで知られるパーム・ジュメイラの根元の西側に「ドバイ・マリーナ」は位置している。ドバイ開発の旗頭をつとめるディベロッパー「エマール」が威信をかけて開発した人工のクリークに面した水辺都市である。

クリークは海の水を引き込んだもので、岸壁は直線を避けて、意図的に入り組んだ形で変化

ドバイ・マリーナ

を演出している。その岸辺に数十本の超高層ビルが林立する。

エマールによると、世界の経済首都を自任する都市は、いずれも1980年代以降、ウォーターフロント開発を成功させており、ドバイもまたそこに加わるために、この人工のクリークのマリーナ建設に踏み切ったそうだ。ウォーターフロントの開放感と息抜きの時空間が最前線のビジネスマンには必要であり、ドバイにもニューヨークやロンドンに匹敵するウォーターフロントエリアが不可欠と判断したという。

クリークの水辺に沿って全長3キロに及ぶ遊歩道が整備され、水辺で飲食を楽しむためのレストランやカフェが切れ目なく続き、経済先進国に肩をならべるハレの空間が出現した。それを祝福するかのように、ビジネスマン、観光客など多くのひとびとが集っている。プロムナードをはじめ屋外空間のデザインは、アースカラーを基調とする温かみのある仕立てで、

１９８０年代以降、世界の大都市で試みられたウォーターフロント開発の空間構成の技法と装置が盛り込まれている。

　エマールによるこの意欲的な住宅中心の摩天楼街は、ブルジュ・カリファを中心とする「ダウンタウン・ドバイ地区」と肩をならべるまでに定着した。すでに、竣工時世界最高層の集合住宅「プリンセス・タワー」をはじめ、ドバイで高さ2～5位の高層住宅がここに集まっているが、今後も、「ペントミニアム」（１２２階、５１６ｍ）、「ＤＡＭＡＣハイツ」（86階、３３５ｍ）、「マリーナ１０６」（１０７階、４３３ｍ）などの開発計画がある。また、ドバイ・マリーナと既存のメトロを結ぶトラムも運行を始めた。

E5 ジュメイラ・レイク・タワーズ地区

ドバイ・マリーナから陸側に入ったところに位置する、水辺生活の快適さをうたう高層住宅群。3つに区分された人工湖が配され、高層ビルはその周囲に位置している。すでに64棟が完成している。こちらの住宅棟は、中流層のファミリー向けをうたう。ドバイ・メトロの駅からの近さをセールスポイントに、子育て施設を併設したのが注目される。

2014年の訪問時には、低層部の整備は未完で、看板によって目隠ししたテナントスペースも目立った。超高層レジデンスも建設中あるいは凍結状態のプロジェクトがあり、完成した「アルマス・タワー」が景観を圧しているのが印象に残った。

ジュメイラ・レイク・タワーズ地区

Jumeirah Lake Towers

E6 アルマス・タワー

アルマスは、アラビア語でダイヤモンドを意味する。その名の通り、ダイヤモンド取引所がこのオフィスビル内に存在する。高層街区ジュメイラ・レイク・タワーズのランドマークになっている高さ360メートルの「アルマス・タワー」は、英アトキンスの設計によるもので、興味深い課題に挑戦している。

何より特徴的なのは、あたかも二つの高層ビルを少しずらした位置で寄り添わせて1本に納めたところだ。北側にあたる低い方のタワーは外装を半透過のガラスで仕立て、南側の高い方は横連窓を開口部にして構成された。熱射の気候のなか、エアコンディショニングの負荷を少しでも減らそうとする工夫である。

この外装が極端に切り替わる姿は、これまでの超高層のデザインになかったもので、一帯でひときわ目立つ姿となった。ガラスと金属質の

アルマス・タワー
E6
Almas Tower

壁の取り合わせは、それ自体がキラキラ輝くダイヤモンドを意識したデザインとされている。

低層部も個性的だ。上空から眺めると、3層の基壇部分が、8本のとがった翼を形成している。これはカットされたダイヤモンドの形状から形が決まったという。この低層部のガラス壁は内側に傾斜した特異な形状をしており、床までもが透過ガラスで張られ、それもまたダイヤモンドのカットを連想させる。このガラスの箱のひとつひとつは35メートルの片持ち梁構造で支えられており、構造技術の面からも挑戦的だ。

大成建設が施工を担当し、790日の工期で完成にこぎつけた。300超メートルの高層ビルの工期としては異例の短さだった。低層部にダイヤモンドの取引所があるため、地下5階の金庫の万全のセキュリティーもうたう。「ミッション・インポッシブル」ばりの不正侵入を試みても、シャットアウトできるとオーナーは豪語している。

E7 ジュメイラ・アイランズ地区

シェイク・ザイード・ロードから内陸側に入ったところに位置する一戸建ての高級住宅団地である。ディベロッパーのナキールによる開発で人工湖に736戸が配された。

ウォータースケープが「ジュメイラ・アイランズ」のキーワードとなっている。長方形の人工湖に、50を数える小さな半島型の住宅地がクラスターとなって張り出している。個々のクラスターは10数戸の戸建て住宅で構成され、それらの住宅は円形の広場を囲む配置をとっている。そして、それぞれの住宅には、プールや室内の小さな泉も設けられ、暮らしの場面においても「水」を潤いの装置と位置づけている。

それがウォータースケープの計画思想であり、ちなみに全敷地面積の4分の1近くが水面にあてられている。小さな半島型のクラスターは、ひとつひとつがフリーハンドで描いたような「気ままな形」で高級感の醸成に寄与している。

ジュメイラ・アイランズ地区
E7
Jumeirah Islands

E8

Ibn Battuta Mall

イブン・バットゥータ・モール

住宅の傾斜屋根は赤みがかった土色の瓦で葺かれ、壁の外装もアースカラーを基調に、住宅地としての一体感が演出されている。4または5のベッドルームを持つ住宅は高所得者向けで、キッチンやバスルームの調度は、高級ブランドの製品が採用されている。開設時から時間が経過し、緑の植栽は豊かになった。住宅販売が好調で隣地に次期の開発もスタートしている。

E8 イブン・バットゥータ・モール

14世紀のアラブ世界の旅行家として知られるイブン・バットゥータの名を冠したショッピングモール。バトゥータは30年にわたって、アラブ世界を超えてアフリカ、インド、アンダルシアにまで足をのばし、詳細で正確な旅行先の姿を書き残した。

それを受けて、このモールではペルシャ、エジプト、チュニジア、インド、アンダルシア、中国をテーマしたショッピングエリアを設定し

ている。完全な屋内型のショッピングモールで、店舗は伝統的な家並みのイメージで仕立てられ、天井はフレスコ画のタッチで青空を描くヴァーチャルモールとなっている。その空の下で1日の時間経過が照明の変化によって再現される仕掛けだ。

アンダルシアのゾーンでは、水を吐くライオンが水盤を支える噴水を再現するなど、細部にまでこだわり、バットゥータの世界の表現を試みている。アラブ的なドームやアーチの再現も、商業施設のアトラクションの域を超えた美の領域に到達しており、ドバイの他のモールとひと味違う雰囲気を有している。

立地は経営が行き詰まったナキールが開発を進めていた市域の西側に寄ったゾーン。ドバイ・メトロの最寄り駅からアプローチできる。このモールが併設されている「イブン・バットゥータ・ゲート・ホテル」の巨大な円形アーチの誇大妄想的な姿も一見の価値がある。

ドバイ　都市建築事典

Dubaipedia

ア

アースカラー
[Earth colour]
新開発地と違い、オールド・ドバイの歴史地区を歩くと、砂漠を連想させる土色の建築が家並みを形成しており、ヒューマンスケールと相まってほっとした気分になる。また、石灰岩を厳格な水平、垂直線で切り出して構成した19世紀以降の邸宅建築も、やはりドバイの風土を反映した美しさにあふれている。海岸の砂は、珊瑚から出来た石灰岩質で、少し赤みを帯びた細部は、その珊瑚の色が反映している。

アトキンス
[Atkins]
イギリス大手のエンジニアリング・コンサルタント会社。１９３８年の開設以来、世界各国でインフラストラクチャーから建築まで、さまざまな都市施設の設計に従事している。ドバイとの関係は、アラブ首長国連邦成立以前からイギリスがこの地域を実質的に支配してきた歴史的な経緯を踏まえている。海面を埋め立てて建設したホテル「ブルジュ・アル・アラブ」などジュメイラ・ビーチの一連のプロジェクトは、アトキンスの得意とするところ。ダウンタウン・ドバイのジ・アドレスも同社の建築設計の力量が発揮されて美しい。

アトランティス・ザ・パーム
[Atlantis The Palm]
→p.154

アブダビ
[Abu Dhabi]
アラブ首長国連邦（ＵＡＥ）の中心国。アラビア湾に面したアブダビが連邦の首都でもある。古くは天然真珠の産地として栄え、１９６３年以降は石油産出国として、近年はヨーロッパ向け天然ガスの国際ビジネス

でも繁栄している。カリファ・ビン・ザーイド・アル・ナヒヤーン（ＵＡＥ大統領）がドバイの経済危機を救ったことから、ドバイの世界最高層の摩天楼の名称は「ブルジュ・ドバイ」から「ブルジュ・カリファ」に変更された。

アブラ
[Abra]
ドバイ・クリークを往来する渡し船。市民の足となっていて、乗合の水上バスや水上タクシーもそう呼ぶ。クリークの対岸を結び、上下流の移動にも重宝する。新たに開発されたリゾートホテルのなかには、レセプションから客室までの移動が水路経由のところもあり、そこではアブラ風の小舟が来訪者の期待する非日常感覚の演出に寄与している。

アラビア湾
[Arabian Gulf]
ドバイではアラビア湾と呼び、対岸のイラン側ではペルシャ湾と呼んでいる。古くは天然真珠の採取で湾岸諸国は繁栄し、東西交易でも栄えた。１９３０年代以降は石油の採掘で世界経済における重要度は高まった。ドバイの水辺のリゾートはいずれもその沿岸に位置している。湾内のホルムズ海峡では両岸の間の幅は40キロほどしかなく、イラン―米国情勢が緊迫するなか、中東からの石油輸送の重要経路として注目を集めている。

アラブ首長国連邦
[United Arab Emirates]
７つの首長国からなる連邦制国家。首都は、首長国のひとつアブダビに置かれている。このアブダビが国土面積の80パーセントを占める。ドバイはアブダビに次ぐ面積だが、３８００平方キロメートルあまりで、埼玉県ぐらいの広さである。

アル・アハマディヤ・スクール
[Al Ahmadiya School]
→p.111

アルマス・タワー
[Almas Tower]
→p.027, 171, 203

アル・マクトゥーム国際空港
[Al Maktoum International Airport]
ドバイのジュベル・アリ・フリーゾーンの南側で建設が進む新国際空港。「ドバイ・

ワールド・セントラル」が整備を進めている。第1期はすでに完成、年間60万トンの貨物を取り扱い、2階建てのエア・バスＡ３８０が24時間発着できる運営体制をとっている。最終的には年間１２００万トン、1億6千万人の旅客が乗降する規模になるという。この空港に隣接する住宅地、ゴルフ場などの建設も予定されており、複合的な開発を目指している。

アンダー・ウォーター・スイート
[Underwater Suite]
パーム・ジュメイラ人工島のホテル「アトランティス」のスイートルーム。客室はアクリルの窓で水族館の水槽と隣り合わせで、あたかも海中に没した伝説の大陸アトランティスの遺跡に宿泊しているような雰囲気が味わえる。水槽内は石像などの遺物を廃墟風に配して芝居がかった演出を凝らしている。もっともこの水族館は上階にあり、部屋自体は海面下に位置しているわけではない。ホテル側のサービス精神が生み出したアイデアのスイートルームだ。

イブン・バットゥータ・モール
[Ibn Battuta Mall]
→p.174

インターネット・シティ
[Dubai Internet City]
→p.164

ウォーター・スケイプ
[Waterscape]
人工池や運河に面した立地に分譲集合住宅がそろうドバイでは、セールストークとして「ウォーター・スケイプ」という用語が常用されている。砂漠の環境とは対照的な水の風景をリビングやダイニングから眺めて、日常の潤いが楽しめるというアピールだ。新設のマリーナや人工池が創り出す景観は質も高く、超高層ビルがならぶだけというこれまでのドバイの都市の常識を改めつつある。

ウォーター・パーク
[Water park]
南国のイメージのあるドバイのリゾートホテルは、ウォーター・スライダーなど備えた「水」をテーマとするプールが売り物の娯楽施設を備えている。ジュメイラ・ビーチ・ホテルの「ワイルド・ワディ」、アトランティスの「アクア・パーク」と「ドルフィン・ベイ」などがそれだ。アトランティスのイルカと一緒に泳げるなどのプログラムは、バハマの姉妹ホテルと共通しており、世界スケールのチェーンホテルらしい演出だ。

エマール
[Emaar]
ドバイの都市開発を担う政府系のディベロッパー。ドバイ政府の出資で設立された。

ライバルにあたる同じ政府系ディベロッパーのナキールが、ドバイ・ショックで一頓挫した現在、ドバイにおける最有力の開発会社となっている。ドバイ・ショックの影響は小さくなかったが、世界最高層の「ブルジュ・カリファ」を実現させたことで、同社の開発物件が集中するドバイ・ダウンタウン地区の既存のドバイ・モールも息を吹き返した。21世紀のドバイの牽引役として注目されている。

エミレーツ航空
[Emirates]
1985年に設立されたドバイ首長国の国営航空会社。わずか2機の保有でスタートし、230機、80カ国に路線を持つ国際的な航空会社に成長した。同じ年に発足したジュベル・アリ・フリーゾーンとともに、エミレーツ航空の成功は、ドバイが世界の経済活動と物流のハブ（中継地）に成長する後押しとなった。2階建てのエアバスA380をいち早く導入するなど、航空業界で意欲的な経営を続けている。日本―ドバイ間は、成田、羽田、関西空港からの発着便があり、所要時間は11時間。

エミレーツ・タワーズ
[Jumeirah Emirates Towers Complex]
→p.137

エミレーツ・ヒルズ
[Emirates Hills]
ドバイ・マリーナから3キロほど内陸に入った立地に、ディベロッパーのエマールが開発した高級住宅地。ヒルズの名称は、米西海岸の高級住宅地ビバリーヒルズになぞらえて命名された。水量豊かな新設のクリークと緑のランドスケープに、販売価格数億円の邸宅をならべ、意欲的に水辺の視界を演出している。

エミレーツ・モール
[Mall of the Emirates]
→p.160

オールド・スーク
[Old Souq]
→p.115

オールド・ドバイ
[Old Dubai]
ドバイ・クリークはアラビア湾に注ぎ込む河口で蛇行する。その河口の両岸が「オールド・ドバイ」で、半島のように突き出した右岸をデイラ地区、半島に押しつけられたようにくぼむ左岸をブル・ドバイ地区と呼ぶ。デイラ地区には、ドバイのパサージュ（通り抜け商店街）であるスーク、伝統的な邸宅を転用した博物館「ヘリテイジハウス」などがある。一方、ブル・ドバイ地区には要塞を保存活用した「ドバイ博物館」、首長家の邸宅「シェイク・サイード・アル・マクトゥーム・ハウス」、かつての家並みをしのばせる「バスタキヤ地区」などがある。ドバイが経済発展する以前の歴史が理解できる。

カ

外国人労働者
[Foreign worker]
労働許可証を得て働くことができる。滞在ビザも得られるが、職を失うと一定期間内に帰国するのが原則とされる。また、家族同伴は一定額の収入以上のひとに限られているため、アジアからの大半の建設労働者は単身で働いている。家族がいないことも、職のない外国人が当局の目を逃れて居住し続けない背景になっている。社会の安定を保つ行政側の知恵といえるだろう。

カーズナー・インターナショナル
[Kerzner International]
南アフリカを本拠に世界的なリゾート開発を手がけるディベロッパー。創業者のソル・カーズナーがカリブ海バハマのナッソーでテーマホテル「アトランティス」を成功させて国際的な存在となった。ドバイでは、「アトランティス」をグレードアップして、パーム・ジュメイラ人工島の最奥のビューポイントに配した。家族向けのバハマに対して、ドバイ版「アトランティス」は、細部をアラビア風に変更するなどして豪華高級リゾートホテルに仕立てている。

風の塔
[Barjeel]
ドバイの旧市街地の住宅では、酷暑を和らげるため、「風の塔」を備えているところが数多く見られる。住宅の隅の位置に

屋根から飛び出した四角い塔を建てて、屋内に風を呼び込む仕掛けである。住宅の多くは中庭をとり、そこに面する形で居室を配しており、中庭に落ちる陰と、風の塔からもたらされる風で、暑さをしのいできた。風の塔からは木製の構造材と樋が突き出しており、アースカラーの外壁の仕上げと相まって、中東らしさを感じさせる情景を形成している。

カリファ
[Khalifah]
カリフともいい、本来は予言者ムハンマドの後継者を指し、継承君主の呼称でもあった。現在は尊称として使われる。

観光都市
[Tourist city]
２０１２年のドバイへの訪問者は史上初めて１０００万人を突破した。前年比９・３％の伸びだった。ホテルも６００軒に迫っている。サウジ・アラビアからの訪問者が30％以上を占め、中東においてドバイが比重を高めつつあることも証明された。また中国からは28％増を示した。日本人の観光客もドバイショックの影響を払拭して増えつつあり、今後も増加が見込まれている。

観光ビザ
[Tourist visa]
ドバイの入国、滞在に必要な査証（ビザ）の事前取得は日本などに対しては免除の扱いとなっており、パスポートだけで入国し、30日間の滞在が可能。観光立国に向けての措置で、スムーズな出入国が実現した。

気温
[Temperature]
砂漠気候の夏冬二季の1年で、夏には気温が摂氏50度に達する。炎暑時の屋外の労働は禁止されており、屋内の空気調整された場所で働くことになる。11月から3月の冬の期間は平均気温が20度前後で過ごしやすい。

キングダムタワー
[Kingdom Tower]
ドバイから世界最高層を奪取する各国の動きは盛んに伝えられるが、そのなかで実現性が高いとされるのは、アラブ世界の盟主を自負するサウジ・アラビアがジェッダで計画している「キングダムタワー」だ。高さ１０００メートル超えを狙っており、設計者は「ブルジュ・カリファ」と同じエイドリアン・スミスだ。「ブルジュ・カリファ」がY字型の平面をゆるい曲面で包んでいたのに対して、鋭角に面取りした外壁面で上層に進むにつれて細くなる尖塔を強調した外観になっている。20世紀初めのシカゴとニューヨークに始まる超高層世界一競争は、１９７０年代から90年代までは一段落していたが、アジア、中東の経済発展が進むに従い、「とてつもない計画案」が打

ち上げられ、それが相次いで実現してきた。「ブルジュ・カリファ」の登場は、摩天楼の歴史に残る驚異的な「事件」だったが、それさえ超えられる日が迫っている。クウェートやドバイでも、1000メートル超の高層ビル計画の提案があり、動向から目が離せない。

クリーク
[Creek]
ドバイの水運の幹線にあたるドバイ・クリークは、ドバイ発展の父とされるラーシド首長が、皇太子から首長に就任した1958年に浚渫が着工され、現在みる姿となった。このクリークの整備がドバイ発展の基盤となった。現在もこのクリークの両岸には歴史遺産が残る。また、浚渫以降の発展をたどれる施設も建ち並び、新街区の摩天楼群、リゾートホテルとは異なる、近現代のドバイのもうひとつの姿を示している。両岸を結ぶアブラ（水上タクシー、乗合バス）が行き交い、生活物資を積んだダウ船の姿もある。観光のためのクルーズ船が運行され、岸辺のレストランは賑わい、ドバイにやって来た観光客が最初に訪れるスポットとして定着している。

ゲートウェー・タワーズ
[Gateway Towers]
→p.156

高強度コンクリート
[High-strength concrete]
高さ828メートルのブルジュ・カリファは、風荷重に耐えることが求められ、そのためには鉄筋コンクリート造の必要があり、高強度コンクリートが採用された。1平方メートルあたりの対荷重量が最大8000トンに達し、これは通常のコンクリートの3倍以上となっている。

降雨量
[Rainfall]
年間の総降雨量が90ミリ以下であり、雨はほとんど降らないに等しい。降雨日も30日以下で、都市建設という観点では、炎暑があるものの雨の影響は少ない。ただ、雨が降らないものの、海からの季節風の影響で

湿度が80%を超える日もある。

交易港
[Trading port]

ベドウィンのアル・ブ・ファラサ族が19世紀前半に移動してきたところから現在の国家としてのドバイの歴史は始まるが、当地は古くからアラビア湾の交易港の街として存在感を発揮してきた。今日の自由貿易港につながる原点がそこにあり、現在では従来からの東西交易にとどまらず、北は旧ソ連の中央アジア各国、南はアフリカ諸国を結ぶ南北軸も視野に入れた交易港となりつつある。

サ

砂漠ツアー
[Desert tour]

もともと砂漠の民だったベドウィンを祖先に持つドバイの地元のひとびとは、休日ともなると、ＤＮＡのなせる業か、４ＷＤやサンドバギーで砂漠を疾走する。観光客向けの砂漠ツアーは、４ＷＤなどで砂漠を見学するもので、ドバイ観光のひとつの定番となっている。現地では、快適な環境のレストランなど、砂漠の日没を堪能できるリゾートホテルも整っている。

産業構造
[Industrial structure]

ドバイの産業構造で目につくのは石油採掘に関わる部門のＧＤＰに占める比率の低さだ。２０１２年上半期ではわずか２・５%にしかすぎない。製造・小売りなどが29・６%を占めているが、運輸・倉庫・通信が14・３%で近年大幅な伸びを示している。さらに、製造業14%に次いで不動産・ビジネスサービスが13・５%で続く。建設業は８・４%で前年比で低下、農業・生鮮・漁業は砂漠ゆえに０・１%となっている。食料は輸入頼みだ。

ジ・インデックス
[The index]

→p.028, 134

シェイク・サイード・ハウス
[Sheikh Saeed Al Maktoum House]

→p.113

シェイク・ザイード・ロード
[Sheikh Zayed Road]
1970年代前半までは、アブダビとドバイを結ぶ道路は存在せず、砂漠を熟知した現地のドライバーしか往来できなかった。

1971年の「アラブ首長国連邦」の発足に伴い、両首長国を結ぶ道路の建設が始まり、1973年に一応の完成を見た。今日のシェイク・ザイード・ロードは片側6車線の無料高速道路で、深夜でもひっきりなしに自動車が行き来する、ドバイのアラビア湾海岸沿いの最主要道路となった。ジュベル・アリ自由港と、ブルジュ・カリファが聳えるダウンタウン・ドバイ地区との間の道路の両脇にならぶ超高層ビルは、優に百を数えており、世界的にも類のない景観を形成している。

ジュベル・アリ港
[Port Jebel Ali]
世界最大の人工港をうたうドバイの流通中継地の主要施設。市街地から35キロ西側に位置し、ジュベル・アリ・フリーゾーンを背後に控えている。これまでの2倍の重量の積み下ろしを可能にするクレーンを装備するなど、最新最強の設備を備えていることをアピールしている。

ジュベル・アリ・フリーゾーン（JAFZ）
[Jebel Ali Free Zone]
1985年に開設され、ドバイの経済発展の起点となった経済特区。開設当時、市域から離れた西部地域の立地を案じられたが、大規模なジュベル・アリ港の新設に加え、交易拠点としての歴史的な実績を現代に生かし、脱石油依存の国家運営の象徴的存在となった。免税措置の完備した経済特区として知られ、48平方キロメートルのエリアに6400社が進出している。

ジュメイラ・アイランズ
[Jumeirah Islands]
→p.173

ジュメイラ・ビーチ・ホテル
[Jumeirah Beach Hotel]
→p.145

ジュメイラ・モスク
[Jumeirah Mosque]
→p.120, 197

ジュメイラ・モノレール
[Jumeirah Monorail]
パーム・ジュメイラ人工島の北端に立つリゾートホテル「アトランティス」と海岸を結ぶ全長5・5キロのモノレール。海上も高架の軌道のうえを走っている。2009年に開通した。パーム・ジュメイラを開発したディベロッパー、ナキールが経営破綻したあおりで、海岸側のプロジェクトが頓挫したが、モノレールの営業で「アトランティス」までの足が確保された。

ジュメイラ・レイク・タワーズ
[Jumeirah Lake Towers]
→p.089, 170, 203

勝利の方程式
[Winning Formula]
次の5つの政策がドバイの今日をつくりあげた。①陸・海・空のインフラ整備、②フリーゾーンの整備と外資誘致、③観光・レジャーの振興、④不動産保有の自由化、⑤外国人労働力の活用。長く停滞している日本経済の実情からすると学ぶところは多い。中東のひとびとの交渉術の巧みさは、世界的に認められており、同じことが日本でも通用するのかは疑問なしではない。

人口
[Population]
ドバイの人口は2014年現在、232万人に達している。2000年には86万人だったから、いかに経済の発展が爆発的だったかを示している。2010年の190万人と比較すると、ドバイ・ショックからの回復も確かめられる。男女別は偏っており、男性が161万人に対して、女性は71万人にしか過ぎず、2対1強の比率となっている。家族帯同で働いている人が少ないためと推測される。

真珠
[Pearl]
アラビア半島のアラビア湾に面した諸国で、石油産出以前の経済を支えたのは、天然真珠の採取だった。カタールなど各国で真珠採りのダイバーが活躍し、宝飾品としての加工も施され、ドバイ経済も潤った。ドバイ博物館などで、真珠採取関係の展示がある。

スキー・ドバイ
[Dubai Ski]
エミレーツ・モールの付属キャラクター施設。砂漠のドバイとの取り合わせが面白い。

かつて日本のバブル時代、南船橋（千葉県）に同種と思われるシステムを使った屋内スキー場「ザウス」が存在した記憶がよみがえる。85メートルの高さから400メートルを滑降する本格的なウインタースポーツを砂漠の民と観光客が楽しんでいる。

スキッドモア・オーウィングス・メリル（SOM）
[Skidmore, Owings & Merrill]

「ブルジュ・カリファ」を設計した米国の大手設計事務所。1952年、ニューヨークのパーク・アヴェニューで洗練されたモダニズムの「リーヴァーハウス」を手がけて、一躍、世界から注目される存在となった。東京では六本木のミッドタウンを設計した。

スーク
[Souq]

アラブ世界の通り抜けの商店街。もともとは2つの建物の間を抜ける通路にテント状の布を天蓋として架けたのが原点と思われる。ドバイのオールド・ダウンタウンのスークは、傾斜した木造の小屋組が採用され、砂漠のアースカラーの空間に規律あるアクセントを持たせている。スパイス、金の宝飾品など、個々のスークごとに、専業の店が集まっており、観光客の人気の的だ。リゾートホテルのなかには、ショッピングモールを、古いスークの形式で再現しているところもある。

砂嵐
[Shamal]

アラビア語でシャマールという。気圧配置がもたらす強風が砂漠の砂を上空高く吹き上げ、その砂塵が都市を覆い尽くす。2011年公開の映画「ミッション・インポッシブル　ゴースト・プロトコル」のブルジュ・カリファでのアクションシーンで、

視界を遮る場面が登場したことから、より広く知られるようになった。6月の砂嵐は大きな被害をもたらすとされ、細かな砂は窓を閉め切っても、室内まで入り込み、ドバイのひとびとを悩ませる。

石油

[Oil]

1963年に国策石油企業の「ドバイ石油機構」が設立され、1966年に海底油田を発見、1969年から輸出をはじめた。1988年に累積生産量は20億バレルに到達したが、ドバイ経済が金融、観光など、脱石油依存に移行するなか、生産量は年々、低下しつつある。

尖塔アーチ

[Pointed arch]

イスラム建築の特徴のひとつ。アーチの円弧が最上部で尖った形となるのが尖塔アーチである。オールド・ドバイの19世紀以降の建築では、これを巧みに近代的な造形に取り込んでおり、参照元の伝統建築の水準の高さを再認識させられる。また、現代のリゾートホテルでも、イスラム世界の情緒の演出に、この尖塔アーチの造形は頻繁に引用されており、造形的なイコンとして今日も生き続けている。

タ

タイペイ101
[Taipei 101]

2004年に完成した地上101階、高さ508メートルの超高層ビル。米国のシアーズタワーとマレーシア・クアラルンプールのペトロナスタワーが世界一論争を繰り広げているのを横目に、初めて高さ500メートル超を達成し、台湾の発展を印象づけた。建築家李祖原による石塔を連想させる外観は、アジアの風土を反映しており、それまでの米国流とは異なる都市のイコンの創造に成功した。ブルジュ・カリファに抜かれるまで世界一の座を保持した。

ダウ船
[Dhow]

ドバイクリークを行き交う荷物船を今日そう呼ぶ。もともとは、尖った船首、三角の帆を持つアラブ世界の木造の交易船を指す。航行性能の高さで、アラブ経済圏の歴史的な発展を支えた。

ダウンタウン・ドバイ
[Downtown Dubai]

2010年に竣工した世界最高層の「ブルジュ・カリファ」を中心とする新街区。ノーマン・フォスター設計の「ジ・インデックス」、アトキンス設計の「ジ・アドレス」など、質の高いデザインの高層ビル、広大な緑のランドスケープに、噴水ショーがひとを集める「ドバイ・ファウンテン」、世界最大のショッピングモール「ドバイ・モール」が勢ぞろいして、ドバイの超高層街区では指折りの活況を呈するエリアとなっている。中層の集合住宅は、世界の富裕層向けに売り出された投機的な側面もあり、これも「世界一」が傍らにあるため、ドバイ・ショックを吹き飛ばす売れ行きといわれる。

脱石油立国
[Post petroleum nation]

産油国の豊かさが当然のこととされるアラブ諸国のなかにあって、ドバイのGDPに占める石油の比率は2パーセント台とされる。金融、物流、観光を3本柱とした国家経済運営が立案され、今日の都市の爆発的発展が実現した。化石燃料の石油はいずれ枯渇が予想され、現在のオイルマネーで潤う各国も、石油に依存しないドバイの挑戦に熱い視線を送っている。

ドーハ
[Doha]
カタールの首都。ドバイとの都市間競争のライバルでもある。交易港のウオーターフロント開発では、中国系の米国の建築家ヨー・ミン・ペイを起用した「イスラム美術館」を開設するなど、文化的な側面を重視した開発を手がけて、ドバイとは異なる都市開発に勤しんでいる。港湾エリアの新開発ゾーンも、歴史的な言語を都市開発に巧みに採り入れて、ドバイの圧倒的な「量」と対照的な「質」重視の姿勢が色濃い。ドバイは観光政策の一環として国際的なスポーツ催事の誘致を試みているが、２０２２年のサッカーのワールドカップは、ドーハを中心に開催されることになった。両都市の競争はこれからの中東の政治経済の構図を左右する側面も持っている。

ドバイ国際金融センター
[Dubai International Financial Centre]
→p.138

ドバイ国際空港
[Dubai International Airport]
ドバイの空の玄関口。3つのターミナルを持ち、中東最大のハブ空港として君臨している。１２５の航空会社が２６０路線で営業する。２０１３年の乗降客数は６６４３万人で世界7位だが、前年比の伸び率は15パーセントを超えて際だっている。国際旅客数では、２０１５年４月までの一年間の速報値で世界一位の座にある。２０２０年には1億人超への急増が予測される。エミレーツ航空の本拠であり、ドバイが物流と人材のハブとして機能する原動力となっている。

ドバイ・ショック
[Dubai crisis]
2008年のリーマン・ショックの影響で、翌09年にドバイの政府系企業「ドバイ・ワールド」が債務不履行になるという憶測が流れ、金融危機に陥った。結局、アラブ首長国連邦（UAE）の主要メンバーであるアブダビからの融資で危機は乗り切ったが、あまりに急ピッチな摩天楼都市建設や規格外のリゾート開発などに、ただでさえ危うさを感じていた国際社会は、ドバイ経済の揺らぎに肝を冷やした。

ドバイ国立銀行
[National Bank of Dubai]
1997年に完成した、ドバイ・クリークに面する金融機関の高層オフィスビル。設計は、カナダの建築家カルロス・オットとやはりカナダの設計事務所NORR。高さは124メートル。風をはらむ交易船の帆をイメージした曲面壁のざっくりした造形で、ことに夕陽で黄金色に輝く姿は、ドバイの富を連想させて神々しい。オットにとってはパリのバスティーユのオペラ劇場以来の話題作ともなった。

ドバイ・ポーツ・ワールド
[Dubai Ports World]
ドバイのフリーゾーンの玄関口ジュベル・アリ港、古くからの交易拠点ラーシド港を取り仕切る港湾運営会社。1972年の業務立ち上げに始まり、国際的企業として業務拡大を続けている。ドバイが古来担ってきた東西交易の物流拠点を支え、現在は世界の六つの大陸の65港を舞台に3万6000人の従業員が働く国際的企業に成長した。新しいドバイのビジネスを象徴する顔となっている。

ドバイ博物館
[Dubai Museum]
→p.117

ドバイ・ファウンテン
[Dubai Fountain]
→p.091, 126

ドバイ・マリーナ
[Dubai Marina]
→p.087, 167

ドバイ・メトロ
[Dubai Metro]
ドバイの市街地を横断する新交通システム。現在、2路線が営業している。ドバイ・ク

リークの沿いのオールド・ドバイ地区から、クリークの地下をトンネルで潜り、ジュベル・アリ・フリーゾーンまで結ぶレッド・ライン（2009年開通）と、オールド・ドバイ地区を周回するグリーンライン（2011年開通）がある。レッド・ラインの全長は52キロに及び片道の所要時間は1時間15分、無人運転の鉄道としては世界最長とされる。自動車交通が慢性的な渋滞に悩まされていることもあり、大量輸送の公共交通としてのドバイ・メトロの開通は、観光客や一般のひとの往来の助けとなった。大都市として着実に歩み続けた、象徴的な成果物といえるだろう。

ドバイ・モール
[Dubai Mall]
→p.128

ドバイ・ワールドカップ
[Dubai World Cup]
ヨーロッパの英アスコット、仏ロンシャンなどの競馬場で、ドバイ首長一族の所有馬が、ヨーロッパのトップクラスの騎手と騎乗契約を結び、大レースを次々と勝利している。ドバイ調教馬という言葉があるほど、ドバイは競馬の世界に地球規模で重きをなしている。ドバイのメイダン競馬場では、年に一度、世界の強豪馬が集結する「ドバイ・ワールドカップ」が開催され、この日には複数のG1レースが組まれている。観光客誘致のための広報手段として、レースの模様は、衛星中継によりリアルタイムで世界に発信される。スタンドや下見所にセレブリティが集うシーンは、ドバイ・ソサエティの華麗さをうかがわせる。イスラム教の世界ではギャンブルは禁止されているため、賭け事としてはロンドンのブックメーカーで馬券を買うことになる。なお、首

長一族がオーナーのダーレー・ジャパンは、日本国内で競走馬の生産、保有で活動している。

ナ

ナキール
[Nakheel]
ドバイの政府系ディベロッパー。往時は同じく政府系のエマールと勢力を二分する形で、海洋リゾートの開発で成果をあげた。しかし、リーマンショックに続くドバイ・ショックの際、親会社にあたるドバイ・ワールドの経営行き詰まりの余波を受け、事実上、開発業務中断に追い込まれた。このため、パーム・ジュメイラ人工島などのプロジェクトは一頓挫の憂き目をみた。エマールの「ブルジュ・カリファ」に対抗して提案した高さ1000メートルを超える「ナキールタワー」も実現が危ぶまれている。

ハ

ハブ
[Hub]
交通や流通の中継地を指す。ドバイは、脱石油依存からの脱却を、中東地域における物流、交通のハブと自らを位置づけることで果たしてきた。エミレーツ航空の設立、ジュベル・アリ・フリーゾーンなどの設置はその国家方針に従ったものだ。アラビア湾一帯の歴史的な東西交易の経路を踏まえ、その機能の継承・掌握とともに、今日では旧ソ連の中央アジア諸国とアフリカを結ぶ南北交易路の中継地としての定着を急いでいる。

パブリック・ビーチ
[Public Beach]
→p.143

パーム・ジュメイラ人工島
[Palm Jumeirah]
→p.097, 156

フィッシュマーケット
[Deira Fish Market]
→p.110

沸騰都市
[Booming Cities]
NHKが2008年に経済発展する世界各地の都市を取り上げたルポルタージュ番組のタイトル。その第1回でドバイが「砂漠にわき出た巨大マネー」のサブタイトルで取り上げられた。シリーズは2009年にも放映されたが、ダッカ、イスタンブール、ヨハネスブルクなど他の都市についての印象はあまり残らず、沸騰都市は日本国内でドバイを語るときにしばしば付される「冠ことば」となった。

不動産バブル
[Property Bubble]

ドバイ・ショックまでの急速な不動産バブルを引き起こした背景には「フリーホールド」「オフプラン」「プリセールス」の3つの要素があった。「フリーホールド」とは、それまで認められていなかった外国人の不動産保有を2002年に解禁したこと。「オフプラン」は着工前の不動産の売買であり、これによって建設資金が自然に集まるシステムが出来上がった。「プリセールス」は、自国の有力な投資家に対して、発売前の物件を売り出し価格より割り引いて前売りするシステム。それによって発売価格で転売すると労なく自国に利益がもたらされることになる。こうしたあの手この手を凝らして、ドバイの不動産バブルはもたらされた。

プライベートビーチ
[Private Beach]

リゾートホテルの利用者のために囲われた海岸を指す。冷たい飲料を提供するソーダ・ファウンテンがフォリーの形式で配され、マッサージのための設備もある。欧米流の滞在型リゾートを堪能する観光客にとっては楽園のような空間となっている。こうした海岸の私企業による占有は、都市運営上、多くの市民を締め出してしまう側面もあり、ドバイにおいては、広範な市民層を対象とするパブリックビーチのありかたとともに今後議論が必要とされる。

フリーゾーン
[Free Zone]

外国資本を優遇する経済特区。完全な免税、外国送金の制限もない。1985年にジュベル・アリ港一帯をフリーゾーンとしたことがドバイ発展の起爆剤となった。2009年のドバイ・ショックまでの経済発展は、さまざまな領域を対象にしたフリーゾーンの設置が基盤となっている。今後もドバイ経済の有力な牽引役を期待されている。

プリンセス・タワー
[Princess Tower]
→p.031, 166

ブルジュ・アル・アラブ
[Burj Al Arab]
→p.026, 148

ブルジュ・カリファ
[Burj Khalifa]
ドバイのダウンタウン地区に建つ高さ世界一の超高層ビル。かつては建築よりも電波塔のほうが世界一の高さを保持していたが、このアラブの摩天楼によって建築がその座を奪った。1990年代の半ば以降、世界一の超高層は、それまでの米国から流出し、マレーシア、台湾から、さらにドバイへと移った。その時代に最も繁栄している都市に、世界最高層が存在するという「神話」が新興経済国で今なお生きている。

ブルジュマン・センター
[BurJumun Center]
→p.119

ベイルート
[Beirut]
レバノンの首都。かつての交易の中心地であり、その実績を生かして、長く中東の金融センターの役割を果たし、近代以降も中東で重きをなしてきた。しかし、1970年代前半の内戦、82年のイスラエルの侵攻によって、かつての金融街が廃墟と化し、復興に手間取り、レバノンは優越的な地位を失った。ドバイの中東の金融センター化はそうしたレバノンの失速も背景になっている。

ペトロナスタワー
[Petronas Twin Towers]
米国の建築家シーザー・ペリによるマレーシア・クアラルンプールに建つ国営石油会社の超高層ビル。完成は1998年。「ルック・イースト」をスローガンに米国流とは異なる経済発展を目指してきたマハティール首相は、自国の首都に世界一の超高層の建設を狙い、ペリを指名して、米シカゴのシアーズタワーを凌ぐ高さを実現した。すべてに世界一を任じる米国は、高さの基準を3つの尺度で測ることを提案し、ペトロナスの世界一を巡って論争が起きた。しかし、美的存在としてシアーズを圧倒するペトロナスの評価は、米国以外では揺らぐ

ことはなかった。今や、中東に圧倒的な世界一が出現したことで、基準を巡る議論の余地はなくなった。

ヘリテイジ・ハウス
[Heritage House]
→p.111

ヘリテイジ・ビレッジ
[Heritage & Diving Village]
→p.113

ペルシャ湾
[Persian Gulf]
→アラビア湾

保護領
[Protectorate]
1892年、現在のアラブ首長国連邦を構成する首長国は英国の保護領となった。ポルトガルに代わってこの地に覇権を唱えたイギリスと首長国は軍事的に争ったが、1853年に休戦協定が結ばれ、その40年後に首長国は外交、行政権を奪われた。1968年にイギリスが撤退を決めるまでこの保護領は存続した。

ホテル数
[Number of Hotels]
2014年のドバイのホテル数は、634軒、8万8000室を数える。客室の稼働率は、ドバイ・ショック後の景気後退からの挽回を果たしたものの、給供過剰で下がりつつある。2020年の万国博覧会開催をドバイ政府は観光振興の目標にしており、そのときには16万室、訪問者も2012年の2倍に相当する2000万人まで増えると試算している。

ポピュリスト・アーキテクチャー
[Populist architecture]
直訳すれば大衆迎合主義者の建築。受け狙いで気恥ずかしいような造形に手を染めた建築を指す言葉。ディズニーやラスベガスの建築が典型的なもので、歴史的な図像をポップな感覚で扱う点では、1980年代のポスト・モダンの流れを踏まえている。ドバイではリゾートはもちろん、分譲集合住宅が主流を占める高層建築も、顧客に臆面もなくおもねったところに面白みがあり、ポピュリスト・アーキテクチャーの資格は十分だ。

マ

マディナ・ジュメイラ
[Madinat Jumeirah]
→p.150

マクトゥーム首長
[Maktoum]
マクトゥーム・ビン・ラーシドはドバイ第

9代首長。父のラシード首長のあとを継ぎ、金融、物流、観光のドバイを世界的な存在に押し上げた。皇太子時代から国造りを担ったが、首長在任期間は父の死去の跡を受けた1990年から2006年までと比較的短期間で、ドバイ・ショックを見ずに亡くなった。

マーケット
[market]

ドバイのひとびとの生活用品を扱うマーケットは、オールド・ドバイ地区にある。建築としては鉄骨の大空間に大屋根を架けた開放的な仕立てで、魚介類、野菜などを求めるひとたちの賑わいを支えている。摩天楼ともリゾートとも異なるドバイの素顔を垣間見ることもできる。政府は魚介類の流通が周辺諸国からの冷蔵輸送が中心になってきた状況に対応するため、複数のマーケットを統合した新市場を建設し、2015年に移転することになっている。

水の使用量
[Amount of water used]

ドバイ市民の水の使用量は毎日ひとりあたり約500リットルに達している。これは米国の約300リットル、ドイツの128リットルを大幅に上回っている。日本は300リットルでほぼ米国と同じ水準にある。ドバイは海水を淡水化した水を生活用水として供給しており、日常生活の飲料水はミネラルウオーターでまかなわれている。

ミッション・インポッシブル
[Mission: Impossible]

トム・クルーズ主演のこのアクション映画のシリーズは、シリーズ第1作のロンドンのリバプール・ストリート・ステーションなど新開発の空間（この駅はリノベーションだったが）を撮影場所としてきた。2011年公開の第4作「ゴースト・プロトコル」では、前年完成のドバイの「ブルジュ・カリファ」がダイヤモンド密売の舞台に選ばれ、トム・クルーズがガラスの外壁をロープを使って駆け下りるシーンなどが織り込まれた。人気シリーズだけに、ディベロッパーのエマールにとっては、格好の世界広報の機会となった。

ミナレット
[Minaret]

イスラム教のモスクに見られる尖塔。もともとは時刻告知のための高台の役割だったが、様式化して現在はイスラム世界の都市景観のシンボルとなっている。ドバイを代表するジュメイラ・モスクはドームを挟む形で2本のミナレットが聳える。これはペルシャの形式を踏襲したものとされる。ドバイの他のモスクもそれぞれがミナレットを付設しており、歴史的街区の低層の家並みから飛び出しているのが見える。

ムハンマド首長
[Muhammad]

ムハンマド・ビン・ラーシドは、ドバイの第10代の現首長。兄のマクトゥーム首長の急死を受けて2006年に就任し、ドバイを摩天楼都市に成長させる牽引役をつとめた。行政組織の効率的な運用に目を光らせていることでも知られ、その政治手腕の確かさが、海外企業を進出させる下地になっている。

メディア・シティ
[Dubai Media City]
→p.165

モスク
[Mosque]
イスラム教の中東の都市では、モスクがひとびとの暮らしのなかに息づいている。礼拝の場であるため、イスラム教徒以外は内部に入場できないところも多い。建築は近年のものでも、伝統的な様式を踏襲して、尖塔ミナレットとドーム屋根という取り合わせ、内部のアーチの列など、古来からの構成を遵守している。ドバイのオールド・ダウンタウンと周辺のエリアには複数のモスクが存在している。ドバイを代表する「ジュメイラ・モスク」は、イスラム教徒以外の見学を歓迎しており、イスラム教の現在についての質疑も可能だ。

ラ

ラーシド首長
[Rashid]
ラーシド・ビン・サーイドは、ドバイの経済発展の基礎を築いた第8代のドバイ首長。皇太子だった1930年代からドバイの国

家運営を取り仕切り、１９５８年に首長就任後は、油田の発見、石油の輸出で国家経済を潤した。すでにその時点で、ドバイの未来は脱石油の交易国家としての成長にあると見通し、今日の姿を描いていた。国民から「ドバイの父」と現在も尊敬を集めている。１９９０年に死去。長男のマクトゥームが首長を継いだ。

ラスベガス
[Las Vegas]

米開拓時代の砂漠のオアシスだったが、ニューディール政策の１９３０年代にフーバーダムの工事に集まる労働者向けの歓楽都市となり、カジノ開設の１９５０年代以降は、悪名高いギャンブルの街となった。そこをロバート・ヴェンチューリとデニス・スコット・ブラウン夫妻がモダニズムの閉塞からの脱皮のヒントを得るために踏査してレポートしたのが１９６０年代。１９９０年代には、世界の誰もが知っている遺物をテーマにした巨大ホテル群が軒を連ね、「大衆消費のコモディティー」としての都市が、20世紀最後の「ブームタウン」となった。21世紀最初のブームタウンであるドバイは、リゾートも、あけすけな外観の超高層もそのラスベガスの「都市と建築の精神」を継承している。

ランドスケープ
[Landscape]

砂漠気候のドバイにあって、超高層ビルの足元のランドスケープは、過酷な気候のハンデをはね返す植樹技術の発達で、見事なグリーンの空間になっている。世界最高層の「ブルジュ・カリファ」の場合、上空から見ると、人工池やプロムナードの舗石が見事なアラビア文様を描き、ドバイにおけるこの領域の急速な充実が読み取れる。ただ、多くのビルがセキュリティ保持の観点からも、緑のランドスケープを公開しておらず、結果的に無人の空間にとどまっている。建物本体の輻射熱を、植栽が吸収する効果は上がっているが、せっかく充実してきたランドスケープが閉じたままなのは惜しい。遊歩可能な都市施設として新たな活用法が求められる。

リーマンショック
[Lehman Shock]

２００８年に米投資銀行リーマン・ブラザーズの破綻が引き起こした世界連鎖の金融経済危機。大量保有していたサブプライムローンと呼ばれる住宅ローン債権が、米住宅市場のバブル崩壊によって巨額の負債となった。複数の米大手金融機関が連鎖的に経営悪化に陥り、その波は国際金融市場を巻き込んだ。翌年のドバイ・ショックはその余波だった。

緑地
[Green area]

ドバイの国土の90％以上は砂漠が占め、

木々の緑を目にするのは市街地、新開発地、リゾート地に限られる。緑地は統計上4％にも満たないといわれる。こうした過酷な環境下で、新開発地の植栽技術の進歩は目ざましく、超高層ビルの足元では段状になった小さな森のように緑が繁茂するまでになった。アラブ各国にとって、こうした緑化技術は国土の保全活用のためにも有効であり、ドバイが培った緑化のノウハウは、環境ビジネスとして発展する可能性を秘めている。

蝋人形
[Wax figure]
ドバイの博物館など歴史遺産を展示する文化施設では、かつてのドバイの暮らしや真珠採取の様子を展示するのに蝋人形がよく用いられる。薄暗い空間のなか、あたかも生きている人間のような蝋人形はちょっと不気味な存在だ。デジタルデータをタッチパネルの操作で検索する展示の傍らに、妙にリアルで即物的な蝋人形を配するドバイの感覚は、謎めいている。

ローズ・レイハーン・バイ・ロタナ
[Rose Rayhaan by Rotana]
→p.034

ワ

ワイルド・ワディ
[Wild Wadi Water Park]
→p.146

ワールド・トレード・センター
[World Trade Centre]
→p.135

ワン・アンド・オンリー・ロイヤル・ミラージュ・ホテル
[One & Only Royal Mirage Dubai]
→p.157

Low-e複層ガラス
[Low-e double-glazed glass]
ドバイの超高層ビルが外壁に採用している高断熱性能ガラス。製造工程でガラスの表面に銀などの金属膜をコーティングすることにより、屋外からの熱反射を遮ったり、屋内からの熱の損失を抑えたりすることができる。また、ガラスを2枚にして中間にアルゴンガスなどの不活性ガス層を設ける複層の構成がさらに断熱性能を高めるとされる。金属をコーティングする工程で、真空状態にして電圧をかけるのをスパッタリング法と呼ぶ。そうすることで、より高性能な製品が生み出される。

O-14
[O-14]
→p.132

第5章

砂漠の超高層建築

――設計とプロジェクトの現場

野呂一幸

設計の現場

2006年4月17日カタール・ドーハからの帰り、ドバイの地を初めて訪問した。わたしが設計本部長をつとめた「大成建設」のドバイでの設計施工のプロジェクトは未だスタートしていなかったが、土木工事の海底トンネル、インターチェンジ、海底緑化実験等の大成建設が受注したインフラ整備工事は始まっていた。

空港から目的である「アルマス・タワー」の建設地に向かう。旧市街を抜けると、シェイク・ザイード・ロード沿いの超高層建築群が視界に入ってきた。超高層群に車窓からカメラを向ける。あっという間に通り過ぎる。振り返るとドバイの象徴「ブルジュ・アル・アラブ」と「エミレーツ・タワーズ」の景観が遠ざかっていった。

前方遥か彼方にタワークレーンの林立する異様な光景が姿を現わす。「アルマス・タワー」の敷地は高速道路沿いと聞いていたが、なかなか近づけない。高速道路シェイク・ザイード・ロードのインターチェンジや周辺アクセス道路は完成しておらず、砂の丘を越えてようやく計画地にたどり着いた。冷房の効いた、凍えるような車内から、突然、気温38度の車外に出る。一気に滝のような汗が噴き出した。人工湖に面する計画と聞いていたが、水面は何処にも見えない。現場は巨大な砂の丘と階段状のピラッミドの様なコンクリートの塊を中心に大勢の人が働いていた。気温が摂氏40度を超えると警告灯が回転し始め作業中止になると教えられた。タワーの中心コア部の躯体工事にはスライディング・フォーム構法が採用され、鋼製の型枠

都市インフラ整備より先行する
ドバイ・マリーナの超高層群

ドバイの背骨、シェイク・ザイード・
ロード、通称 E-11

を精度管理しながら上方にスライドさせ、24時間体制でコンクリートの打設が続いていた。

ダイヤモンド取引の頂点――アルマス・タワー

超高層街区「ジュメイラ・レイク・タワーズ」のシンボル的存在、「アルマス・タワー」の着工は2005年、3年がかりで2008年に完成した。竣工時、世界一の超高層建築は高さ508メートルの「タイペイ101」であった。高さ363メートルの「アルマス・タワー」は「上海ワールドフィナンシャルセンター」（設計KPF）の492メートルに次ぐ世界第三位の超高層建築であり、日本のスーパーゼネコンの建設技術が発揮されたプロジェクトであった。ちなみに完成7年後の2015年には「アルマス・タワー」は世界25位にまでランクダウンし、ドバイに限っても9番目の高さになってしまった。

「アルマス・タワー」の設計趣旨を英国最大のエンジニアリング・コンサルタント会社、アトキンスの現地事務所は次のように述べている。

「Two gracefully interlocked elliptical towers（優雅に結合された楕円の2つのタワー）と呼ぶ高層棟は方向の異なる向きに配置し、南向きタワーは高性能断熱パネル使用したファサード、北向きタワーはガラスカーテン・ウォールの外装計画で

建設中のアルマス・タワー

ある。8本の三角形が突き出た3層からなる低層部はダイヤモンドの輝きをモチーフとしている。建物中心から放射状に伸びた三角形のウイングの立面は、周辺湖面からの水の反射を映し出して、ダイヤモンドの輝きを放つように内側に傾斜し計画した」

「アルマス・タワー」は「ジュメイラ・レイク・タワーズ地区」の人工湖の横断路に計画され、同地区のランドマークと位置づけられた。

初めに遠方より「アルマス・タワー」の外観を見てみよう。眺望する位置によって、この建物はいくつもの顔を持っていることがわかる。

高さの違う楕円シリンダーが組み合わさった超高層部分の形態は、細身の尖塔であり、ロケットにも見える。楕円の端部は鋭く切り落とされていて、高さを強調する微妙なカーブとエッジを利かしたカーテン・ウォールで構成されている。

高い方のタワーは金属パネルと面一《つらいち》に収まったガラスのカーテン・ウォールを身にまとい、もう一方の低い方のタワーはガラスのカーテン・ウォールとスリムな横ラインで構成されている。刻々と移るドバイの日射につれて、表情は多彩に変化する。見る角度により劇的に景観を変える「アルマス・タワー」は摩天楼が集合するドバイのなかでも優れた超高層建築と言えよう。

低層部は、高層棟とは打って変わり、直線的で鋭角的なデザインである。設計者はモチーフを「ダイヤモンドの輝き」といっているが、それは上空からしか認識できない。ジュメイラ・レイクに折鶴が舞い降りたかのような形態である。一方、少

ジュメイラ・アイランズからの
ジュメイラ・レイク・タワーズの超高層群

し高度を下げると湖面に咲く巨大な蓮の花にも見えてくる。イスラム建築らしい植物モチーフは、この「アルマス・タワー」でも生きている。

高層部には鉄筋コンクリート造を採用し、低層部は鉄骨造によって、エレガントな構造表現を実現して、デザイン・テーマと一致させている。

「アルマス・タワー」の外構は、ドバイのほかの超高層建築と同じように緑と水に取り囲まれている。この選択は強い太陽の輻射熱低減に寄与している。低層部周辺は、あたかも城壁に囲まれたかのような構成で、高いセキュリティを保持している。アプローチの道路は蓮の花の一角に限定的に設けられ、駐車場への入り口もアクセス路の両翼の円筒に収める明快な動線計画になっている。メインとなるテナントは、ドバイのダイヤモンド取引所であり、このセキュリティの高さは当然である。

オフィス基準階のコア部分及びエレベーターホールは整った形にまとめられている。オフィステナントの扉を開けると、眺望を生かした横連窓曲面カーテン・ウォール越しに、「ブルジュ・カリファ」や「ブルジュ・アル・アラブ」が遠望できる。眼下にはジュメイラ・レイク・タワーズの超高層住宅棟、ドバイ・マリーナ地区やパーム・ジュメイラ人工島の眺望が楽しめる。「アルマス・タワー」は基準階のフレキシビリティ、テナント構成を考慮した設備計画も相まって、よくまとまった超高層オフィス建築である。

折鶴のようなアルマス・タワー低層部

日の丸技術陣の奮闘

アトキンスの設計趣旨を実現させるため、日本の建設会社の技術陣は様々な課題に取り組んだ。

海外では一般に基礎の杭工事と上部の躯体工事は別々に発注される。ドバイもその点は同じで、日本の建設会社は躯体からの工事となる。まずやるべきことは建築の中心に位置するコアの部分とコアを取り巻く周辺部の総重量が違うために生じる杭の沈下量の差の見極めである。沈下量を検討し、さらに上部躯体の各部の撓みや歪みも考慮した架構を設計し、それを実現する施工計画を立てなければならない。曲面を描く「アルマス・タワー」の外壁の形状もあって、高い施工精度の管理が必要とされた。日本のゼネコンのお家芸ともいえる設計施工プロジェクトではなく、施工だけを受注した工事ではあったが、架構そのものを一から見直す海外プロジェクトでは、構造設計者は東奔西走の日々を送ることになる。

「アルマス・タワー」において、大成建設とパートナーを組んだＡＣＣ（Arabian Construction Company）はレバノンに本社を置き、ドバイで多くの施工実績を持つ建設会社である。

ローカル建設会社は作業員を鼓舞し、統率する人海戦術での施工を得意とする。しかし、工期短縮、工法の合理化への対応は十分といえなかった。わたしたちは、超高層建築のコア部分の施工に、スライディング・フォームと油圧ジャッキ式の足

ジュメイラ・レイクに張り出したアルマス・タワー低層部一翼

場付き移動型枠による工法を提案した。周辺部は、鉄筋の先組み、柱型枠に樹脂製型枠の反復利用、梁型枠にユニット式転用型枠の利用、床部分はフラットスラブに対応したテーブル・フォーム型枠を提案した。日本国内においてもあまり例を見ない廃材の少ない合理化工法であった。

当初はなぜそうするかについて関心は低く、連日粘り強くローカル建設会社幹部の説得にあたった。日本人スタッフが紙芝居形式の説明資料も使い、自ら現場にも出て提案した施工を実践する姿は、やがて現地のスタッフを動かすに至った。かつて連合艦隊司令長官の山本五十六は「やって見せ、言って聞かせて、させて見せ、褒めてやらねば、人は動かず」といったそうだが、まさにその繰り返しであった。着工直後に基準階1層を完了するのに10日かかっていたのが、20階を超える頃には1層を4日で出来るようになり、工期短縮の目途がついた。ローカル流から日本流のやり方への変更は、相互信頼とリーダーシップの発揮によって可能になった。海外でのコンクリート工事は超強度コンクリートの利用や転用型枠の活用など、数量や職種数の極力少ない工法が有効である。ちなみに、地下部分の躯体は駐車場や機械室計画を考慮すると矩形になるのだが、「アルマス・タワー」では、設計者アトキンスはダイヤモンドにこだわり直径140メートルの正円形としていた。見えない部分にまでのこの拘りの姿勢が、高い評価に結びついた。

建設中のアルマス・タワーのコア躯体

周辺環境の緑も整ったジュメイラ・アイランズの住宅群から遠望するアルマス・タワー

カーテン・ウォール、そして建築材料の実態

ドバイでは、超高層タワーの外装カーテン・ウォールこそ設計者の見せ場である。「アルマス・タワー」の高い方の棟は金属パネルとガラスのカーテン・ウォールであり、低い方の棟は横連窓のガラスのカーテン・ウォールとなっている。楕円端部をカットした妻面は縦型カーテン・ウォールであり異なる3つのタイプのカーテン・ウォールで構成されている。ここでのカーテン・ウォールの最大のテーマは「楕円の曲面をいかにスムーズに見せるか」だった。直線の連続を細かくすればスムーズな楕円曲面が実現できるが、サッシュ方立が多くなり室内からの眺望が損なわれる。Ｌｏｗ－ｅ複層ガラスの外側にあたるガラス面の風圧による撓みや、サッシュ断面の水密性能を考えるとガラスの呑込みは、少しでも大きくしたいが、サッシュの見付が大きくなり、シャープさが損なわれる。性能ギリギリのところでアトキンスの設計陣とやっと合意にこぎ着けた。

完成した姿では、金属パネルを使ったタワーは美しい曲面の外観を見せることに成功した。一方、ガラスカーテン・ウォールのタワーは一枚ずつのガラスパネルがはっきり見えてしまう外観になってしまった。流れるような美しい楕円曲面を作り出すことができなかった。曲面カーテン・ウォールの設計と施工は実に難しい。

強い日射対策としては、外装カーテン・ウォールに、熱線反射ガラス、Ｌｏｗ－ｅ複層ガラスを採用することと、室内側遮光ブラインドによる対策が一般的であ

楕円シリンダーが美しい景観を見せる
アルマス・タワー北東面カーテンウォール

朝日を背に受けたアルマス・タワー
南西面カーテンウォール

る。砂塵の微粒子の影響を無視できないため外気取入れは手つかずだし、日射熱利用などによるエネルギー・サーキュレーションの考え方は導入されていない。

ちなみに、この「アルマス・タワー」のカーテン・ウォールは「アル・アバ（Al Abbar）」に発注された。アル・アバはガラスのカーテン・ウォール製造、加工、販売を行い、ブルジュ・カリファ、エミレーツ・タワーのガラスのカーテン・ウォールを手掛けた、ドバイを代表する企業である。建築工事下請けメーカーの次元を超えて中東で活躍している。サッシュの選定は、イタリア、アメリカ、中国製を検討した。次に製造メーカーコストだけでなく、運送費や通関コストを考慮しなければならない。さらに製造地で組み立てた形で輸入して取り付けるか、ばらばらの部品として持ち込みノックダウンで組み立てるか、製品検査はどうするか、サッシュ一つでも海外では次から次へと課題が出てくる。その結果、現地で実績を持つ「アル・アバ」に落ち着いた。

ドバイにおいて地震は2006年に震度3が記録されたが、発生は極めて少ない。またセメントが豊富で安価に入手できることから鉄筋コンクリート造がほとんどである。空気をよどませる細かな飛砂は、アラビア湾に面するために相当量の塩分を含み、セメントの塩分が高い。そのためコンクリートには添加剤としてシリカヒュームを使用している。シリカヒュームはコンクリートを綿密にして鉄筋を塩害から守る働きがあり、コンクリートの塩害対策に有効とされている。

構造面では、鉄筋量の多い鉄筋コンクリート造のフレームを構築し、フレーム内にコンクリートブロックを積んで外壁や間仕切壁を構成している。外壁面にコンクリートの中性化を防止するためにエポタール系ビスフェノール塗料を使用している。建築設計基準は宗主国だった英国のブリティッシュ・スタンダードが古くから使われてきた経緯があり、鉄筋の量は日本に比べると多い。外壁にかかる風荷重は英国標準を基に設計している。

この超高層ビルの仕様を決定する建築の設計基準は、グローバル化によるシェア争いの波に翻弄されている。

アメリカのＩＢＣ（International Building Code）と、イギリスのブリティッシュ・スタンダードをはじめとするヨーロッパ諸国のＥＣ（Euro Codes）とが導入地域を巡って陣取り合戦をしている。現在ＩＢＣは、北中米地域のカナダ、メキシコ、アジアの台湾、韓国、中東ではカタール、サウジアラビアなどが導入を検討している。一方、ＥＣは旧ソ連地域のロシア、ウクライナ、イギリスと縁の深いオーストラリア、ニュージーランド、さらにエジプトと東南アジア各国で導入が検討されている。中国は香港の一国二制度もあってＥＣ導入を視野に入れて動いてい

端正な姿を見せるアプローチ側アルマス・タワー

る。このように世界の設計基準は二極化している。ドバイとそこに進出する日本企業もその影響を受けずにはいられない。

実際のドバイの多くのプロジェクトの現場では、SOMはIBC、アトキンスはECで設計したと思われる。我々が関与したプロジェクトでは、耐震設計はアメリカ基準、鉄筋コンクリートはイギリス基準、液状化対策は日本基準での対応を求められ、いいとこ取りをするアラブ人のしたたかさを感じた。

事前調査、契約

ところで、日本の企業が国際プロジェクトの入札に参加するにあたって、マーケッティングは欠かせない。国の支援のあるODA、JICAプロジェクトへの対応、カントリーリスクの判断、国際チームの編成、競争相手チームの分析、サプライチェーンの確保、資材調達ロジティクスの検討、そして得意分野技術の活用等、様々な条件や情報分析を踏まえ入札への参加を決定する。入札書類は有料で購入しなければならないケースもある。

例えば超高層ビルの入札書類を購入すると、段ボール10箱にもなって送られてくる。その大量の書類を社内の専門分野ごとに仕分けして分析する。設計チームに依頼される項目は、架構計画の見直し、施工計画の技術提案、設備設計性能を実現するシステム計画、積算用資料の作成などが主な項目である。すべての項目の積算が終了したところで、「予備費（contingency）」と「経費（overhead）」を加えて入札金額とする。

両者は全く性格が異なる。予備費は高すぎても勝てないし、低すぎてはプロジェクトが始まってから苦労することになる。

しばしば想定外の事態が起きる。調達した資材が通関できない。ローカル企業が途中で破綻し急遽日本から支援業者を呼ぶようなことが発生する。そこで予備費をいかにうまく使ってピンチを乗り切るかが、プロジェクト・マネージャーの力量が問われる場面であり､手腕の発揮のしどころでもある。

無事入札を完了して第一交渉権を獲得すると、条件交渉を経て契約の運びとなる。ここで「ＦＩＤＩＣ」が登場する。エンジニアリング分野で多く使われている国際契約規準書である。

日本の工事関係者は工期が半ばを過ぎた頃、ＦＩＤＩＣを基にしてオーナー側のコンサルタントが作った「契約書」が、プロジェクト進行にあたっての「万能のバイブル」であることに気付く。

「バイブル」の読み方、真の意味の解釈に、文化の壁、言語の壁、商習慣の壁が立ちはだかる。日本の建設会社は、工事を止めていったん契約書に戻って、見直すことに慣れていないために、工期を間に合わせることに注力し、なかなか立ち止まることができない。変更に対応せずに進行してしまい、竣工間際になって高額のフィーでコンサルタント会社を雇い、オーナー側のコンサルタントと厳しい交渉を依

海外プロジェクトの聖書「FIDIC（国際契約基準書）」

頼するケースもある。

建築の世界では馴染みが薄いが、ＦＩＤＩＣは国際エンジニアリング協会が出しているプロジェクト契約の雛形だ。契約者間で片務契約が発生しないように発注者、設計者、工事請負業者にとってバランスのとれたものとするのが主旨である。それなのに、国際プロジェクトでは日本の請負工事では発生しないことが起きる。「ＦＩＤＩＣ」には様々な色のバージョンがあるが設計施工の「イエローブック」と、コントラクターが設備機器の検査や果ては什器や従業員の制服に至るまでのすべてを担う、いわゆるフルターン・キーの「シルバーブック」がある。両者の４・１項には、「fit for the purpose」（目的に適う）の記述がある。プロジェクトが進行するに連れ、この「fit for the purpose」は絶対化し効力を発揮し始める。この一文のせいで、いったん契約すれば、オーナーが気に入るまで設計変更の対応を迫られる。オーナーが考える目的にフィットするまでそれは止まらない。「fit for the purpose」に盾つけないのである。

オーナー、代理人、コンサルタント

ドバイの多くのプロジェクトにおいては、真のオーナーはなかなか姿を見せない。真のオーナーは首長親族が経営する企業であり、代表経営者が欧米人である場合もある。工事の現場には、オーナーと契約したオーナー代理人（owner's representative）が、プロジェクト・マネージャーとして登場する。オーナー代理人の権限は伝えられるが、そのオーナー代理人がオーナーと結んだ契約書をコントラクターは見ることができない。オーナー代理人がコントラクターである建設工事施工者に、「この印籠が目に入らぬか」というかのように示すのは、A４のペーパー一枚の委任状「Power of Attorney」である。日本語の委任状の発する語感では感じられないくらい、「Power of Attorney」の力は強い。そして、プロジェクトのすべてをオーナー代理人が決定してゆく。大幅なコストの増加や工期延長の承認などが発生したときに限って、代理人は真のオーナーの宮殿に出向き、裁可を求めることになる。

プロジェクトがスタートして1年も経つと定例会議が白熱してくる。この定例会議の議長をオーナー代理人がつとめる。オーナーと契約したコンサルタント会社のイギリス人である。単身赴任でドバイに来ている彼の肩にこのプロジェクトでの成否が重くのしかかる。議題は、「デザインの最終決定」である。オーナー承認が取れない。これ以上は待てないコントラクターは、工期延長のレターを出したい。オーナーが別契約した企業の工程が全体工程に影響し始めている等の問題が、多くの海外プロジェクトでは大なり小なり必ず起きる。問題ごとのクレームレターが山のようになっていく。

設計者、施工者ともに譲らず、口角泡を飛ばした会議は、結局、なにも決められずに終わる。焦燥を隠せない面持ちで書類をかばんに入れていると、そのイギリス人が「今日のアフター５は空いているか」と聞いてきた。すぐさま快諾。

「アフター5」は市内の五つ星ホテルのバーラウンジ。イスラムの戒律で禁酒のドバイにあって、ホテルはお酒が堂々と飲める場所だ。彼は今日の会議での態度を少し変えてくる。ぜひ工期厳守で進めてほしいと訴える。そこで、「コスト増加を見てくれるのか」と聞き返すと明確な返事はなかった。仲間の顔色を見る。脈ありとの感触。オーナーとの契約で工期遅延は彼が所属するコンサルタント会社にペナルティが発生するようである。プロジェクトでの工期短縮やコスト削減などの大きな成果を上げられなければ、プロジェクトごとに雇われているオーナー代理人に明るい未来はないのである。

オーナー代理人、設計者、施工者に比べオーナー・コンサルタントは若干影が薄い。プロジェクトが進行するなか、コンサルタント会社がプロジェクトの担当者の変更を通知してきた。新しい担当者は、前任者から引き継ぎしたはずなのに、既に結論が出ている駐車場出入り口に関して問題点を指摘してきた。困った事態である。とりあえず次回までに検討することで会議を終えて、その夜、オーナー・コンサルタントを食事に誘う。

その席でオーナー・コンサルタント曰く、「われわれは設計内容の問題点を指摘して、お金をもらうのが仕事だ。黙っていては仕事にならない」「設計者は自分の提案を、自信を持って主張しろ」「優秀なオーナーは必ずオーナー・コンサルタントの話でなく、建築家の話を聞く」とアドバイスしてくれた。なるほど、である。

われわれコントラクター側でプロジェクトの進行に欠かせない職種に、「ドキュメント・コントロール・マネージャー」がある。オーナー、その代理人とコンサルタント、建築家、構造設計者、設備設計者、照明デザイナー、ランドスケープ・アーキテクト、商業テナント・デザイナーなど関係者の間での情報管理プラットフォームの構築はプロジェクトの成果に関わってくる。まず情報管理ソフト（プリマベーラなど）を統一し、打合せ記録、設計変更指示書、各種契約書、クレームレター、調達合意書、発注書等すべての文書管理をする専門部門の責任者を置くことになる。それが「ドキュメント・コントロール・マネージャー」である。大型・複数企業参加のプロジェクトでは、進行の各場面で「ドキュメント・コントロール・マネージャーは誰ですか」という会話が聞かれるようになる。

ファスト・トラックの理想と現実

ちなみに、実際、アトキンスの場合も、建築家の主張は絶対だった。限られた階高なのに天井高はこれだけ必要だと建築家がいえば、構造エンジニアは、割高になるのにコンクリート打設後圧縮力を加えて強度を高めるポスト・テンションを入れてでも、梁の高さを縮めようとする。仮に天井高が確保できたとしても、その情報が今度は設備設計者へ回されると、ダクトやケーブルラックを吊る隙間もないし、梁に貫通もできないという八方ふさがりのまま検討が止まる。そして、時間だけが過ぎていった。

職能として設計事務所内でプロジェクトを取りまとめるプロジェクト・マネージャーがいるので、彼にアトキンス内の設計の進捗状況を聞くと、「建築家に確認する」との返事。問われた建築家が構造設計者に聞き、構造設計者は設備設計者に聞き、そこでやっと検討が進んでいないことが判明するといった具合だった。

日本の建設会社の設計スタッフは、こうした状況を推進させるため、意匠・構造・設備それぞれの担当者が事前に調整し、いくつかの解決策を用意したうえで、関係者全員の集まる調整会議を開き、そこで万事が決定できるようにした。

ドバイでの日本の建設会社の設計施工プロジェクトにおいて、多くの場合、発注者の都合の尊重や工期の短縮を目的にファスト・トラック（Fast Track）方式が採用されている。ファスト・トラックとは、建物全体の設計図書が完成していない場合、設計図の完成している部分から工事に取りかかる方式だ。設計図書が１００パーセント完了していて単に入札で工事をするケースは、大型の複合プロジェクトになればなるほど少ない。ファスト・トラック方式で、できるところから発注し工期短縮を図り、プロジェクトを完成させる。日本の建設会社に協力する旨が盛り込んであるにもかかわらず、簡単には変えてくれず、工期遅延が解消しない経験もした。

そのようにドバイの現地設計事務所では、日本流の意匠・構造・設備各部門が自由闊達に意見を述べ合い、短時間で調整することは無理な相談で、ファスト・トラック方式の進め方をなかなか理解してもらえない。日本流の概念は、専門職に分業化された社会では機能し難い状況がある。ランドスケープも照明もセキュリティも、多くのコンサルタントが、発注者と個別の契約で雇われている。こうした状態は、責任が明確になる一方で、他の専門領域に口を挟まなくなる欠点もある。

現場で、わたしたちがやった時間短縮策は次のようなものだった。まず調整課題をリストアップし、各コンサルタントに事前にアジェンダの形で協議項目として配布、その検討結果を持ち寄らせて調整をはかり、それをもとにアトキンスの建築家に選択させて効率化を図った。技術検討を重ね、そのうえで工期を守る日本企業のこうしたファスト・トラック方式は、中東でも発注者の期待、要望に応えるものであった。

もうひとつ、海外建設プロジェクトにおいてはすべての資材の調達が課題となる。調達はまず仮設資材から始まる。どんなものでもリースができ、供給のネットワークが発達した日本のようにはいかない。その国にリース市場がない場合は、大型重機を始めとし、トラック、スタッフ搬送用バス、はては簡易トイレまで買わなければならない。購入先はＥＵ諸国、近隣中東諸国、シンガポール、中国などで、港湾施設で通関手続きを終え、港から建設現場に搬入して、やっと現場が立ち上がる。

総工費が１００億円を超える規模のプロジェクトでは、鉄骨、カーテン・ウォール、主要設備機器をどの国のどのメーカーから調達するかはプロジェクトの工期や性能の命運を握る。大型換気ファンをノルウェーで作り、イギリスで性能検査を行い、中東の現場に搬入したケースでは、設備設計担当者と調達責任者は中東からＥＵ諸国へハードスケジュールで出張を続けた。こうした調達、性能試験、通関手続きを自ら進んで面白いと感じることこそ国際プジェクトの醍醐味である。苦労して調達した仮設資材は、竣工すると現地の中古市場に転売することになる。つまり、国際プロジェクトでは建設会社の社員は商社マンのごとく働かなければならない。海外調達資材が現地の港に到着しているのに現場に来ない。調べると、通関がうまくいっていなかった。そのとき、パートナーであるローカル企業のネットワークが生きる。あるプロジェクトで、資材が水際で止まってしまったとき、躯体工事を請け負った企業のトップが港湾施設の幹部だったのを生かし、やっと通関させて、資材は無事現場に到着した。何事につけ、力のある優秀なローカル企業のプロジェクトへの参加は欠かせないことを物語る事例だ。

超高層ビルの足元に青々とした緑地帯が広がっているのを目に留めるたびに、外構植栽の調達の大変さに思いをいたす。砂漠の国ドバイで、パームツリーを始め大量の植栽を調達して枯らさないように維持する。さらに竣工まで管理し、契約によっては、建物の完成後しばらくもメインテナンスを続けることになる。ドバイの大型再開発プロジェクトにおいては足元の親水施設と緑豊かなランドスケープには、このように多くの労力が払われている。

ナキール本社ショールームに掲げられたパーム・ジュメイラ、ジュメイラ・レイク・タワーズ、ジュメイラ・アイランズとジュメイラ・パークの完成予想図

ドバイ・ショックを超えて——日本の建設業の未来は中東に

２００８年のリーマン・ショックに続く翌年のドバイ・ショックは、大成建設をはじめ、中東進出に建設業の未来像を見いだそうとしていた日本のゼネコン各社に少なからぬ経営面での打撃をもたらした。２００６年、07年とせっかく海外受注工事額の４分の１近くを占めるまでに伸びていた中東進出は、失速を余儀なくされ、各社とも及び腰の対応が続いている。

しかし、今後、日本の建設業は海外に新たな市場を確保しなければ生き残れないのは明白な事実である。それはわが国の製造業はじめ、多くの産業が歩んできた道である。ドバイで実際に業務を展開した経験から手応えを感じたのは、日本の建設業ならではの強み、競争力であり、それを今後も生かして、再び、中東の地に活路を見いだすべきだと考える。

強みを列挙してみよう。

１　解析力、シミュレーション技術を生かした高品質の建設施工技術力
２　技術研究部門、設計部門、ファイナンス部門を自前で持つコントラクター（プロジェクト契約者）としての総合力
３　環境技術、省エネルギー技術の開発応用力
４　都市・産業インフラ（鉄道、地下鉄、トンネル、上水道、エネルギープラント、原子力発電所、住宅開発、生産施設等々）プロジェクトを海外で事業展開する日本の商社、

ブルジュ・カリファを超える超高層建築の風・構造解析シュミレーション

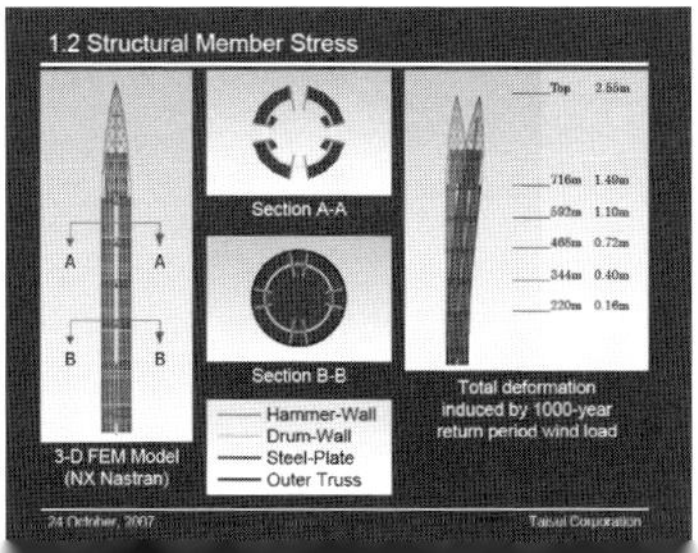

メーカーのパートナーとしての信頼度

以上の4つが考えられる。この分野においてもアジア、韓国、中国企業との競争に晒されている。日本の商社、メーカーもプロジェクトごとにグローバルなパートナーの選択をして、国際入札に臨む時代になった。日頃の国内での関係を頼りにする時代は終わろうとしている。それでも、日本のゼネコンの強みは、数多くのプロジェクトで培ってきた信頼度があればこそで、どんなクライアントからの要望にも応えられる厚みと柔軟さを兼ね備えている点に見いだされてしかるべきだと考える。

日本の建設業は周知のように、「請負」の名のもとに発注者との時間をかけた実績と関係を構築して建設業ビジネスを展開してきた。まさにフルターン・キー契約の先取りである。そこを生かすべきだと考えるのである。海外プロジェクトにおいては単なる「請負者」ではなく「コントラクター＝契約者」としての業務遂行能力と責務が問われることになる。

作業所長、事務担当者、工務担当者は、現地ではプロジェクト・マネージャー、アドミニストレーション・マネージャー、ドキュメント・コントローラー、プロキュアメント（購買・調達）・マネージャーと呼ばれ活躍している。これは日本において、長年、ゼネコンが培ってきた総合的な視野での「請負」が、「契約社会」であればこそ公正に評価されることを物語っている。

ドバイにおける「設計の現場」「プロジェクトの現場」の経験を通して、次の時代を担う若い人々が国際プロジェクトに興味を持っていただければ幸いである。

ドバイの未来図（元図：http://www.nakheel.com/en/developments/）

参考文献

- 斎藤憲二『株式会社ドバイ――メディアが伝えない商業国家の真実』、柏艪舎、２０１０年
- 佐野陽子『ドバイのまちづくり――地域開発の知恵と発想』、慶應義塾大学出版会、２００９年
- 金田充弘「グローバリゼーション時代の構造エンジニア」、『建築雑誌』、２０１２年10月号
- 菅原達也「ビジネスレポート」、『第36回中東協力現地会議実施報告書』、中東協力センター、２０１２年
- 菅原達也、杉本賢司「ドバイの建築材料の調査」、『日本建築仕上学会大会学術講演会研究発表論文集』、２００７年
- Atkins, *Atkins: Architecture & Urban design*, 2005
- Oscar Eugenio Bellini,Laura Daglio, *New Frontiers in Architecture: The United Arab Emirates Between Vision and Reality*, White Star, 2010
- Judith Dupré, *Skyscrapers : A History of the World's Most Extraordinary Buildings*, Black Dog & Leventhal, 2013
- CTBUH, "The Sustainable Vision of Dubai LEED Emirates, Tall & Green: Typology for a Sustainable Urban Future," CTBUH 8th World Congress 2008
- David W Etheridge, Brian Ford, "Natural ventilation of tall buildings-options and limitations, Tall & Green: Typology for a Sustainable Urban Future," CTBUH 8th World Congress 2008
- Adrian Smith, "Burj Dubai: Designing the World's Tallest, Tall & Green: Typology for a Sustainable Urban Future," CTBUH 8th World Congress 2008
- Adrian Smith, Gordon Gill, "The Evolution of an Idea," CTBUH 2011 World Conference in Seoul, Korea
- Hatice Sözer, Raymond J. Clark, "Looking for Cultural Response and Sustainability in the Design of a High-Rise Tower in the Middle East, Tall & Green: Typology for a Sustainable Urban Future," CTBUH 8th World Congress 2008
- Karel Vollers, "Morphological scheme of second-generation non-orthogonal high-rises, Tall & Green: Typology for a Sustainable Urban Future," CTBUH 8th World Congress 2008

図版クレジット

新井拓	100, 112, 114 右 , 121, 146, 155, 177, 183, 189 下
荒巻剛哉	156
欧州連合	055
太田雅昭	073, 110, 116, 186 下 , 188
加藤誠	148 右 , 202 左 , 203
城戸祐一	160
杉山貴則	064, 105, 114 左 , 129 下 , 182,
ドバイ政府観光・商務局	004, 008, 014, 043, 046, 049, 051, 096 下
野呂一幸、純子	024-029 (写真) , 032, 033 下 (写真) , 035 (写真) , 036 (写真) , 058, 077, 083, 103, 111, 113, 115, 117-120, 124, 125, 128, 129 上 ,130-132 右 , 133 左 , 134, 137, 142, 145, 147, 148 左 -151, 159 上 , 161, 164, 165, 167, 173-175, 180, 187, 189 上 , 191 中 , 193, 194, 197, 205, 207 左 , 208, 210, 219
服部光宏	096 上 , 136, 154, 157, 158, 159 下 , 184, 202 右 , 222
細澤治	220
松葉一清	056
Adrian Smith	070, 074, 075
CTBUH	002-003, 024 - 029, 031- 036 (以上の図面)
Dubai Racing Club	191 下
GeoEyeSatellite	068
Nicole Luttecke / Solent News	012
Taisei Corporation Dubai office	010, 018, 020, 030 (写真) , 031 (写真) , 033 上 (写真) , 034 (写真) , 041, 060, 062, 066, 067, 076, 079, 081, 086, 088, 092, 094, 098, 126, 132 左 , 135, 139, 143, 144, 166, 168-172, 179, 184-186 上 , 190, 191 上 , 204, 206, 207 右

編集協力

大成建設　荒巻剛哉　篠崎洋三　菅原達也　早川恵一郎　細澤治　Ahmed Mohamed El Ghayesh
CTBUH　David Iwami Malott　Steven Henry　Daniel Safarik　Carissa Devereux

あとがき

酷暑に霞む視界の向う、天を突く超高層ビル群が蜃気楼のように浮遊して見える。幻影か、現実か、いや、妄想の産物などではない。ドバイの超高層ビル群は、世界一の高さを誇る「ブルジュ・カリファ」を中心に、地に足のついた形で「21世紀を先取りする建築と都市」を実現してみせた。しかも、前世紀にはなかった速度感を伴って。それがまた「こんな魔法のような営為がまだこの世界には実在したのだ」という素直な驚きを伴った感動を呼ぶ。

だが、日本から遠く、慣習も異なる中東の地だけに、全容の理解に骨がおれる。本書は、「21世紀における建築・都市像とはどんなものか」という視点を出発点に、ドバイの子細な解明を試みた。自ら語りはしない「建築と都市」の秘められた声に耳をそばだて、それを論述する作業は、わたしたちのドバイへの理解を、漠然としたものから一歩先へ深めた。そして、いわば秒単位で変化を遂げる「21世紀のブームタウン」に取り組むうちに、それが閉塞したわが国の都市と建築を巡る論調に風穴を開けうるのでは、と考えるようにもなった。

全五章立ての本書において、第4章を地図付きのガイドと、ドバイ理解に供する用語辞典にあてた。他の四つの章が論述形式ゆえに触れられなかった具体的な建築と都市の構成要素を、そこで可能な範囲で網羅したかったからだ。

本書はドバイ理解の入り口であり、２０２０年に中東最初の「国際万国博覧会」が開催されるころには、ドバイはもっと様変わりしているだろう。高さも建設速度も常識破りでここまできたドバイの明日が本書をきっかけにほの見えたら、著者も、版元である鹿島出版会も、それ以上の喜びはない。

刊行にあたって、総合建設業としてドバイの地で先駆的な業務展開をした大成建設の多くの社員の方に、急速度で変容する都市ゆえに不可欠な情報更新の確認、写真撮影などの協力をいただいた。末尾ながら感謝の意を示したい。また超高層ビルのデータベース、図面を心よく提供してくださった米シカゴの「ＣＴＢＵＨ」（高層建築・都市居住会議）」にも感謝の意をあらわしたい。ＣＴＢＵＨの友好的な対応は、本書の国際的認知への一助と著者は受けとめている。

松葉一清
野呂一幸
２０１５年７月31日

松葉一清 Kazukiyo MATSUBA

建築評論家、武蔵野美術大学教授（近現代建築・都市論）。

１９５３年神戸市生まれ。京都大学建築学科卒。朝日新聞特別編集委員などを経て現職。

主著に『近代主義を超えて』（鹿島出版会）、『日本のポスト・モダニズム』（三省堂）、『失楽園都市』（講談社選書メチエ）、『帝都復興せり！』（朝日文庫）、『パリの奇跡』（同）、『「帝都復興史」を読む』（新潮選書）、『復興建築の東京地図』（平凡社）、『モール、コンビニ、ソーホー――デジタル化がもたらす都市のポピュリズム』（ＮＴＴ出版）、『アンドウ――安藤忠雄・建築家の発想と仕事』（講談社）など、共著に『奇想遺産』『奇想遺産Ⅱ』（新潮社）、『［復刻］実測・軍艦島』（鹿島出版会）『デザイン／近代建築史』（同）など。

野呂一幸 Kazuyuki NORO

建築家、タイセイ総合研究所顧問、武蔵野美術大学造形研究センター客員研究員。

１９４８年三重県生まれ。名古屋工業大学建築学科卒。大成建設常務執行役員・設計本部長、スターツＣＡＭ顧問などを歴任。宇都宮大学非常勤講師、技術経営士の会監事。

ドバイ〈超《ちょう》〉超高層都市《ちょうこうそうとし》――21世紀《せいき》の建築論《けんちくろん》

2015年9月25日　第一刷発行

著者　松葉《まつば》一清《かずきよ》　野呂《のろ》一幸《かずゆき》
発行者　坪内文生
発行所　鹿島出版会
〒104-0028
東京都中央区八重洲2-5-14
電話　03-6202-5200
振替　00160-2-180883
印刷・製本　壮光舎印刷
ブックデザイン　北田雄一郎

ISBN 978-4-306-04627-6 C3052

本書の内容に関するご意見・ご感想は左記までお寄せ下さい。
URL: http://www.kajima-publishing.co.jp/
e-mail: info@kajima-publishing.co.jp